はじめての昭和史

井上寿一 Inoue Toshikazu

★――ちくまプリマー新書
356

目次 ＊ Contents

はじめに……9
昭和の日本と今日の日本の類似点／時代状況の類似点／時間旅行のガイドブック／八つの観点

第一章　帝国憲法と日本国憲法のつながり……17
昭和史の断絶と連続／天皇主権の下でも天皇の責任は問われない／藩閥政府と元老／帝国憲法下でなぜ政党政治は可能になったのか？／立憲君主国＝日本／政党内閣制の確立／帝国憲法でも平和とデモクラシーは実現できるか？／幣原とマッカーサーの利害の一致／日本国憲法は「押しつけ憲法」なのか？／戦争放棄／過去は清算できたのか？／憲法第九条があったから平和だったのか？

第二章　政党政治をめぐる三つの疑問……39
なぜ戦前昭和の政党政治は存在感がないのか？／政党政治研究が立てた三つの問い／世界的なデモクラシーの潮流／政党が担う政治へ／戦前昭和の二大政党は相互に似ている／二大政党制の限界／政党内閣復活の可能性はあったのか？／大政

翼賛会がもたらしたもの／占領下の政党／独立回復に吹く追い風／独立回復後の政党のねじれ／一九五五年体制の成立／戦前回帰を不安視する国民／政治の季節から経済の季節へ／自民党一党優位体制の変容／機能不全に陥る政党政治

第三章 **戦前と戦後に共通する協調外交**……67

戦前昭和の協調外交とは何か？／政党内閣の中国政策／追い詰められた軍部が打った手／なぜ国際連盟から脱退したのか？／広田外交が先か現地軍が先か／国民にとってなじみの薄いドイツとの協定／経済的な後ろ盾のアメリカとの外交関係の変化／日独伊三国同盟／独ソ戦がきっかけに／対米協調外交の復活／戦前と変わらない外交方針／国家的な独立の回復／先進国日本のアメリカからの自立／対米協調から多国先進国協調へ

第四章 **安全保障政策**……93

軍縮に進む戦前日本／当てがはずれ見込みちがいもあった現地軍／合理性を欠く海軍の判断／日中戦争をめぐる戦略論の対立／基本戦略の不統一／組織利益の対

立が破局をもたらす／日米安保条約と平和憲法の矛盾／なぜ不平等な日米安保条約を結んだのか？／なぜ不平等な日米安保条約を受け入れたのか？／沖縄返還をめぐって／改憲に向かわない「非核専守防衛国家」／斬新なソフトパワー路線／新冷戦下の日本の安全保障政策

第五章 **格差の拡大から縮小へ**……117
格差拡大社会＝日本／大戦景気と昭和恐慌のギャップ／失言から始まった金融恐慌／期待に応える高橋（是清）蔵相／「下級国民」の選択／再び危機から日本を救う高橋是清／日中戦争下の経済格差の是正／焼跡の闇市／占領権力による〈上〉からの改革／終身雇用と年功賃金の誕生／農村生活の現実／高度経済成長の光と影／国民の希望としてのオリンピックと万博／再び格差拡大へ

第六章 **絶え間なく起きる昭和の社会運動**……141
さまざまな社会運動が起きていた／大衆は社会主義運動に何を求めたのか？／人々に支持された五・一五事件／人々に支持されなかった二・二六事件／〈上〉

からの国民精神総動員運動とは？／新体制運動も挫折する／社会主義運動の再起動／女性の署名活動から始まった原水爆禁止運動／安保反対運動はなぜ大規模化したのか？／戦後もあった〈上〉からの運動／最後の大規模な社会運動／国民が本当に求めていたのは何か？

第七章　文化が大衆のものになる……165
昭和のはじめにデパートの出店ラッシュ／高嶺の花だったラジオ／どんな映画が流行したのか？／日中文化交流の萌芽／失われた中国再認識の機会／流行歌は禁止、ジャズは容認／文化の政治利用／渇望される活字文化／アメリカ文化の影響／戦後日本映画の復興／活字文化からテレビ文化へ／週刊誌の創刊ラッシュ／豊かな生活への憧れとバブル文化

第八章　メディアをめぐる問題の起源……189
権力・メディア・世論／売れるためならば社説も変える／新聞の大衆化路線／広報外交の逆効果／中間層から始まるメディア統制／戦争に倦む国民／大本営発表

対宣伝ビラ／戦前と戦後の検閲のちがい／アメリカによるラジオ番組「真相箱」／テレビと映画への作家の起用／佐藤（栄作）首相の引退記者会見／外務省機密文書漏洩事件／メディアと政治をめぐる三つの論点／メディアと政治の「共犯」関係／昭和末年の自粛ムード

参考文献……214

あとがき……221

〈凡例〉引用文の漢字は新字体・常用漢字に改めました。引用文中の〔　〕と……は、それぞれ引用者による注記と省略であることを示しています。引用文は歴史資料です。この点を考慮して、現代では差別・偏見ととられる不適切な表現であっても、原文のまま引用しました。

はじめに

昭和の日本と今日の日本の類似点

この本は八つの観点から昭和史を再構成する試みです。

今から一〇〇年近く前に始まり、三〇年以上も前に終わった昭和時代を振り返るのはなぜでしょうか。今日と類似した問題を昭和時代に見出すことができるからです。問題の解決の手がかりを求めて歴史をさかのぼると、昭和史にたどり着きます。昭和史は問題解決の示唆に満ちているのです。

今この「はじめに」を書いている時、新型コロナウイルス（COVID-19）の猛威が世界を席巻《せっけん》しています。このパンデミックが暗示するのはグローバリズムの行き詰まりです。グローバリズムとはつぎのような世界を動かす理念を指します。コミュニケーション手段の発達によって、ヒト・モノ・資本・情報が国境を越えて自由に行き来するようになっています。その結果、世界は相互依存関係が深まるなかで、持続的な経済発展を進めます。他方で地球環境問題のように、国家の枠組みを超えて人類的な視野から取り組まなければ解決できない問題が起きています。グローバリズムとは、このような国際秩序の変動過程において、国家を単位とするのではなく、国家の相互依存関係に基づく国際社会が世界を動かすと考える理念です。

新型コロナウイルスのパンデミック化はグローバリズムの重要性を再認識させたにちがいありません。パンデミックは国家の枠組みを超えた人類的な視点から取り組まなければ解決できない問題だからです。

ところが実際はちがいます。新型コロナウイルスの発生源をめぐるアメリカと中国の対立は、冷戦を招きかねません。ヒト・モノの移動は遮断されているに等しい状況です。低く薄かった国境の壁が高く厚くなっています。国家は自国民を救うのに手一杯で、自国中心主義になっているのです。

以上のことはグローバリズムの行き詰まりを暗示しています。パンデミックにともなう国際危機の拡大のなかで、国家が復権しているからです。このような状況は一九三〇年代の世界を想起させます。大恐慌下の世界では国家の復権が著しく、国家は対立を深めます。一九三〇年代は戦前昭和の時代と重なります。今日のような時代状況は戦前昭和の時代を想起させるのです。

時代状況の類似点

パンデミックとの戦いは戦争にたとえられることがあります。パンデミック下の社会が戦時下の社会を連想させるからでしょう。トイレットペーパーやマスクを求めて行列を作り、スーパーマーケットで備蓄品を探す様子は、物不足の戦時中さながらです。大きなちがいもあります。感染の拡大阻止と戦争の勝利では目標がちがいすぎます。新型コロナウイルス等対策特別措置法を国家総動員法になぞらえるのもむずかしいでしょう。それでも一つの目標に向かって、国家が市民的な自由を制限しながら国民を動員する点では類似しています。このような類似点を認めれば、パンデミック下の日本がこれからどうなるかを考える際に、戦時下（とくに日中戦争開始後の昭和一〇年代）の日本を探索することは、大きな手がかりとなるでしょう。

ほかにも類似点を見出すことが可能です。緊急事態宣言の発出後、市民生活に自粛が要請されるようになりました。欧米諸国では守らなければ罰則があります。日本ではそこまで私権は制限されていません。それでも社会秩序が維持されているとすれば、それは市民が市民を相互に監視しているからでしょう。実際に「自粛警察」があれば、「自粛警察狩り」もあるようです。

このような自粛社会は、戦時下以外にもありました。それは昭和の末年の頃です。昭和天皇の容体の悪化にともなって、自粛ムードが広がりました。バブル経済の真っ只中で歌舞音曲を控えるように求められた同時代の人びとは、どのように対応したのでしょうか。戦時下の昭和だけでなく昭和の末年からも学ぶことがありそうです。

時間旅行のガイドブック

つぎになぜこの本のタイトルが「はじめての」となっているかを説明します。日本の学校では初等教育でも中等教育でも昭和史を学んでいます。この本を手にして「はじめて」昭和史を知るということはないでしょう。それでも「はじめての」と銘打っているのは、昭和史に対する先入観や知識をリセットして、未知の昭和史を探索してみませんかと誘いたいからです。

　正直なところ、日本近代史の研究領域に限っても、昭和史は論争に参加するハードルが低いです。誰でも一家言あり、自説を主張して一歩も譲らず、生産的な論争などあったためしはないと言っても過言ではありません。世の中には自説の確認、あるいは異なる歴史解釈の「論破」を目的として、昭和史関連本を手にする人がいるようです。この本はそのような目的には適していません。

　代わりにこの本は昭和の同時代の人びととの出会いの場を提供します。昭和時代への時間旅行のガイドブックになることがこの本の目的です。

八つの観点

本論に入る前に、あらかじめこの本で取り上げる八つの観点を説明しておきます。

　第一章は憲法です。この数年、安倍（晋三）政権の下で憲法改正論議が活性化しています。憲法改正問題の起源は、戦後昭和の日本国憲法制定時に求めることができます。日本国憲法は戦前昭和の大日本帝国憲法の改正によって生まれました。この章では大日本帝国憲法と日本国憲法の断絶と連続をとおして、昭和史を再構成します。

　第二章は政党政治です。戦後昭和において長く続いた自民党の保守一党優位体制の崩壊後、連立政権の時代を経て、民主党政権になったものの、再び保守一党優位体制に回帰しているかのようにみえます。これからの日本の政党政治はどうなっていくのか、二大政党制の時代があった戦前昭和に立ち返って考えます。

　第三章は協調外交です。協調外交が展開されたのは、平和と民主主義の戦後昭和だけでなく、戦前昭和においてもそうでした。なぜ戦前昭和の協調外交は挫折して戦争に至ったものの、戦後昭和になって復活することができたのでしょうか。この問いに対する答えは、これからの日本外交における協調の重要性を示すことになるでしょう。

　第四章は安全保障政策です。昭和時代の安全保障政策は、戦前と戦後でまったくちがいます。戦前昭和の日本は軍隊を持ちながら、自国の安全保障に失敗します。対する戦後昭和の日本は、憲法上、軍隊を持っていないはずなのに、平和を維持することができました。このような安全保障政策の大転換の観点から昭和史に光を当てます。

　第五章は格差社会です。今日の日本社会において格差の拡大が問題になっています。

戦後の昭和は、「一億総中流」と呼ばれた時期があったように、格差縮小社会でした。対する戦前昭和は格差拡大社会でした。なぜ格差は拡大するのか、格差を縮小するにはどうすればいいのか、戦前・戦後の昭和史を追跡すれば、手がかりが得られるでしょう。

第六章は社会運動です。今日の世界では各地で多様な社会運動が起きています。ところが日本では散発的な社会運動が断続的に起きているにすぎません。なぜ直接的な政治運動が社会を動かしにくくなったのでしょうか。社会運動が活発だった戦前・戦後の昭和史を振り返りながら考えます。

第七章は大衆文化です。昭和時代の大きな特徴の一つは、漸進的な民主化と経済発展を背景に、大衆文化が花開いたことです。戦前昭和の大衆文化の広がりは、戦争によっても途切れることなく、戦後昭和の文化国家としての再建に影響を及ぼします。ここでは大衆文化の波及効果によって、昭和の日本社会が変容していく過程を再現します。

第八章はメディアです。メディアの政治的な役割が問われています。メディアは権力に対する監視と批判の役割を持つ一方で、権力の側の統制によって世論を誘導することもあります。このようなメディアをめぐる問題が顕在化したのは、戦前昭和の時代です。

この章ではメディア史としての昭和史を振り返ります。

以上の八つの異なる観点から光を当てることで、この本は戦前・戦後の昭和の時代像を再構成します。

第一章　帝国憲法と日本国憲法のつながり

昭和史の断絶と連続

昭和史とは昭和元（一九二六）年一二月二五日から昭和六四（一九八九）年一月七日までの元号＝昭和で区切られる時代の歴史のことです。昭和時代が六十余年のひとまとまりの時代であることはいうまでもないでしょう。しかし前半の約二〇年間と後半の約四〇年間は、同じ時代とは括《くく》れないほどちがっています。どれほどちがっているかといえば、前半＝「戦争とファシズム」の時代に対して、後半＝「平和と民主主義」の時代と正反対です。

前半と後半がちがうのは憲法がちがうからです。前半は大日本帝国憲法下の戦前昭和時代でした。対する後半は日本国憲法下の戦後昭和時代でした。

二つの憲法のちがいは大日本帝国憲法＝天皇主権対日本国憲法＝国民主権のちがいです。中学校の歴史教科書は大日本帝国憲法をつぎのように記述しています。「憲法では、天皇が国の元首として統治すると定められました。また、帝国議会の召集や衆議院の解散、陸海軍の指揮、条約の締結や戦争の開始、終了（講和）などが、天皇の権限として明記されました（『新編 新しい社会 歴史』）。日本国憲法の方はどのような記述かといえば、「新憲法は、国民主権、基本的人権の尊重、平和主義の三つを基本原理としました。天皇は統治権を失い、国と国民統合の象徴になりました」となっています。

これだけちがえば戦前昭和と戦後昭和は断絶していると理解するのが普通でしょう。しかし歴史研究者は、断絶だけでなく、連続の方にも強い関心を持ち続けて、今日に至っています。この立場に立つと、憲法のちがいにもかかわらず、昭和時代は六十余年にわたって続いた一括りの時代なのです。

天皇主権の下でも天皇の責任は問われない

この歴史教科書によれば、大日本帝国憲法下の天皇主権とは、天皇が「陸海軍の指揮」、「戦争の開始、終了（講和）」の権限を持つことを指します。もしも天皇主権が文字どおりに行使されれば大変なことになります。たとえば天皇の権限で始めた戦争に負けたとしたら、どうなるでしょうか。天皇が開戦責任を問われることになります。

日清戦争（一八九四～九五年）の開戦に明治天皇は消極的でした。日露戦争（一九〇四～〇五年）の開戦の時も同様です。清朝中国は当時、アジアの大国でした。日本が負けるおそれは十分ありました。ましてや世界の大国の帝政ロシアに対して勝利を確信することなどできませんでした。

大日本帝国憲法（以下、帝国憲法と略）の制定者たちはこのことがよくわかっていました。だからこそ彼らは、一方では天皇大権を定め、他方では天皇の無答責性（責任を負わない）の工夫を憲法に盛り込んだのです。具体的には天皇大権は各国務機関（外務省や陸海軍など）が代行することになりました。天皇大権に優劣はありません。たとえば統帥大権と外交大権は対等です。それゆえ天皇大権を代行する国務機関の間で、権力の抑制と均衡（チェック・アンド・バランス）が働きます。

藩閥政府と元老

ここで疑問が湧きます。たとえば軍部＝開戦対外務省＝避戦で対立した時はどうなるのでしょうか。どちらも天皇大権を代行しての意思の表明です。天皇大権に優劣はありませんから、相打ちになって、国家の意思決定をおこなうことができなくなります。天皇親政を否定しながら、どうすれば国家意思の決定をおこなうことができるのでしょうか。明治国家は意思決定を藩閥政府（明治維新を実現した薩摩・長州両藩出身者の政治指導者のグループ）に委ねました。その後、藩閥政府は時間の経過とともに消滅していきます。代わりを務めたのが元老です。初めは伊藤博文《いとうひろぶみ》を筆頭に七人の元老が天皇の代わりに首相選考や国策の決定に関与しました。

藩閥政府と同様に、元老も時間の経過とともに、一人また一人と消えていきます。昭和時代が始まる頃には、元老は一八四九年生まれで八〇歳に近くなっていた西園寺公望《さいおんじきんもち》ただ一人になっていました。最後の元老がいなくなるのは時間の問題でした。そうなれば国家の機能が停止することになります。

帝国憲法下でなぜ政党政治は可能になったのか？

しかし心配は無用でした。政党が政治を動かすようになるからです。議会の衆議院における多数政党の党首が内閣総理大臣の地位に就くようになります。戦前昭和は政党内閣制の時代でした。

帝国憲法下で政党内閣制が成立したことは、結果を知っている今日の立場からすると、不思議ではありません。他方で強力な天皇大権を定めた帝国憲法が反政党の憲法であって、議会の権限を大きく制限していたことはよく知られているとおりです。

それでは政党内閣制を前提としていない帝国憲法の下であっても、なぜ政党内閣制が成立したのでしょうか？

疑問を解く鍵を握っていたのは、帝国憲法制定者の一人、伊藤博文です。伊藤博文とはどのような人物でしょうか。先の歴史教科書は簡潔に記しています。「憲法の制定に力をつくした後、四度にわたって内閣総理大臣となりました。一九〇〇年には立憲政友会総裁として組閣するなど、政党政治への道を開きました」。正確な記述ではあるけれど、簡潔すぎて飛躍があります。反政党の帝国憲法の制定者である伊藤がなぜ自ら政党の総裁になって、「政党政治への道を開」いたのでしょうか。

すぐれた評伝研究である瀧井一博『伊藤博文』が伊藤の演説に注意を向けます。「憲法政治を運用すると云《い》ふ上に於《おい》ては、何《いず》れの国を見ても政党の存在せざることを得ぬのであるから、此《こ》れは議論よりは寧《むし》ろ事実上已《や》むを得ず発生するものと認むるのである」。伊藤は政党政治を不可避と考えていたようです。

それもそのはずです。伊藤は岩倉遣外使節（明治時代の初めの頃に派遣された岩倉具視《いわくらともみ》を特命全権大使とする対外使節団）の一員でした。この使節団はその後、憲法調査を目的として欧州諸国を歴訪しています。欧米の国情を観察すれば、政党政治を不可避と考えるようになったにちがいありません。

政党政治が不可避ならば、先手を打って、伊藤は立憲政友会を創設します。先の著作の指摘によれば、伊藤は立憲政友会につぎの四つを求めました。第一総裁専制、第二サロン的政党、第三シンクタンクとしての政党、第四政治的人材のリクルート機関。このような四つの機能を持つ政党は政党といえるのでしょうか。立憲政友「会」が立憲政友「党」でないことに示されているように、伊藤の立憲政友会は国家の利益を第一と考えていました。国民の利益を第一と考える自由民権運動に起源を持つ民党とは異なります。近代日本の政党につながる民党に対抗する立憲政友会は、反政党の政党だったのです。

このように伊藤の個人政党として出発した立憲政友会であっても、その後は国内外の状況の変動にともなって、近代国家＝日本にふさわしい政党へと変貌を遂げていきます。その大きなきっかけとなったのは、第一次世界大戦後に世界的なデモクラシーの潮流が押し寄せてきたことです。このことを予見した総裁の原敬《はらたかし》の指導力によって、立憲政友会は「大正デモクラシー」の大勢に適応するようになりました。

立憲君主国＝日本

さらに昭和時代になると、天皇の意思が反映されます。天皇はイギリスを模範国とする立憲君主国の君主になることをめざしていました。一九二一年に欧州諸国を歴訪した際に、のちの昭和天皇になる裕仁《ひろひと》皇太子がイギリスのジョージ五世から大きな影響を受けたことは、よく知られています。

今日においても君主制の国はいくつも存在します。君塚直隆『立憲君主制の現在』によれば、君主制といっても欧州の立憲君主制（さらにイギリス、北欧、ベネルクス三国にもちがいがあります）、アジアの絶対君主制、湾岸産油国の王朝君主制などがあります。

帝国憲法下の君主は、絶対君主から立憲君主に至る範囲内で、変動する可能性がありました。そのなかで昭和時代に入ってから立憲君主国へ傾くのは、天皇の意思が働いたからです。

政党内閣制の確立

昭和時代になると政党内閣制が確立します。憲法の理論上、政党内閣制を正当化したのは、東京帝国大学教授の美濃部達吉《みのべたつきち》です。中学校の歴史教科書はつぎのように記述しています。「憲法学者の美濃部達吉は、主権は国家にあり、天皇は国家の最高機関として憲法に従って統治するという憲法学説（天皇機関説）を主張して、政党内閣制に理論的な根拠をあたえました」。

この記述では簡潔すぎてわかりにくいので、説明を加えてみます。美濃部によれば、立法権の行為＝「最高の意思表示」です。立法権の主役は議会です。貴族院と衆議院の二院制の議会において、優先するのは衆議院です。なぜならば衆議院議員は国民が選挙で選ぶからです。衆議院の最大勢力は政党です。以上から内閣を組織するのは政党になります。

このような美濃部の憲法解釈は解釈改憲と呼ぶべきかもしれません。それでもこの天皇機関説が高等文官試験（今日の国家公務員試験）や司法試験などにおける憲法の問題の正解となって、通説的な地位を得ます（三谷太一郎「政党内閣期の条件」）。解釈改憲に近いからといって悪いとは限りません。帝国憲法＝悪い憲法（日本国憲法と比較して）の下で、良い政治をめざすことの方が重要だからです。

こうしてイギリスを模範国と仰ぐ立憲君主としての天皇の国で、政党内閣制が始まります。帝国憲法下でありながら、政党が政治を主導することになったのは、すでにふれたように、国際情勢の変動も関係しています。第一次世界大戦後の世界は、「平和とデモクラシー」の時代を迎えます。人類史上、類例をみない惨禍をもたらした戦争を二度と起こさない、この不戦の誓いは、軍縮と国際連盟を実現させます。

日本はワシントン・ロンドン両海軍軍縮条約に調印します（一九二二年と一九三〇年）。一九二八（昭和三）年には不戦条約にも調印します。こうして日本は戦争を違法化する国際体制の構成国になりました。他方で多国間協調の国際機構＝国際連盟が創設されます。日本は国際連盟の原加盟国・常任理事国の地位に就きます。

以上から明らかなように、昭和は「平和とデモクラシー」の時代として始まりました。それが一九三〇年代になると、「戦争とファシズム」の時代へと一八〇度の転換を遂げることになります。

なぜ政党内閣と協調外交が崩壊したのかは章を改めて第二章と第三章で説明します。ここでは別の点を強調したいと思います。一九三〇年代の日本はたしかに戦争の時代でした。しかしファシズムの時代と呼ぶには留保が必要です。ファシズム国家とはたとえばヒトラーのドイツのような国です。戦時下の日本にはヒトラーに相当する独裁者はいませんでした。陸軍軍人出身の東条《とうじょう》（英機《ひでき》）首相であっても、在任期間は三年に満たないのです。

ヒトラーのドイツのような一国一党制をめざした時もありました。それが近衛《このえ》（文麿《ふみまろ》）首相の下で一九四〇（昭和一五）年一〇月一二日に成立した大政翼賛会です。ところが大政翼賛会はファシズム体制ではありませんでした。なぜでしょうか。

一国一党制を実現するには帝国憲法を改正する必要がありました。帝国憲法は天皇大権を定めながら、天皇親政にならないように権力分立制を特徴としていました。独裁制と権力分立制が両立しないことは明らかでしょう。帝国憲法がファシズム化の妨げとなっていたので、近衛首相は帝国憲法の改正をあきらめざるを得なかったのです。

帝国憲法でも平和とデモクラシーは実現できるか?

敗戦にともなう帝国日本の滅亡後、戦後の日本は帝国憲法に代わる憲法を作ることになります。ところが政府は新しい憲法の制定に消極的でした。新憲法の制定が議論された時の首相は幣原喜重郎《しではらきじゅうろう》です。戦前昭和のデモクラシーの下で政党内閣の外相として協調外交を展開した幣原にとって、国を誤らせたのは帝国憲法の統帥権を振りかざす軍部だったにちがいありません。そうだとすれば幣原は、帝国憲法の改正に積極的だったはずです。

しかし実際はちがっていました。敗戦の年の一〇月九日、木戸幸一内大臣は、憲法改正問題をめぐって協議した際の幣原の様子をつぎのように記しています。「男〔幣原男爵・首相〕は此《こ》の問題については極めて消極的にして、運用次第にて目的を達すとの論なり」（雨宮昭一『占領と改革』）。翌月二八日の衆議院においても、帝国憲法は「弾力性に富む」ものであって、「民主主義の発展に妨害」を加えることがない旨、述べていま す（服部龍二『増補版　幣原喜重郎』）。

幣原は自信がありました。帝国憲法の下であっても、日本は一九二〇年代にデモクラシーと協調外交を展開することができたからです。デモクラシーと協調外交を妨げた元凶は帝国陸海軍です。帝国陸海軍は敗戦によって解体されたので、そうなれば一九二〇年代の旧体制に復帰することができるようになります。憲法を改正するまでのことはありません。

しかしこのような幣原の憲法改正消極論は、維持できなくなります。敗戦国＝日本は戦勝国＝占領当局の言うことを聞かなければならなかったからです。

旧連合国（戦勝国）が占領の目的としたのは、日本の無害化＝非軍事化でした。再び日本が武器を手にして立ち上がらないようにする、この観点から占領当局は新憲法に戦争放棄を求めました。幣原は占領当局の求めに応じて積極的な姿勢に転換します。

幣原とマッカーサーの利害の一致

なぜ改憲消極論の幣原が戦争放棄に賛成するようになったのでしょうか。幣原が改憲することなく守ろうとしたのは、天皇の地位でした。ところが戦勝国のなかには制度としての天皇の存続を批判する国がありました。英連邦諸国、とくにオーストラリアがきびしい姿勢をとっていました。この点に関連して、個人的な体験談を記します。私が生まれて初めて訪れた外国はイギリスで、一九八七（昭和六二）年のことです。私はロンドンで史料調査をしていました。ある日、道を歩いていると、イギリス人男性にからまれました。その人は先の大戦で自分の兄弟が日本軍に殺害されたと怒っていました。平均的な日本人であれば、アジアの諸民族に対する贖罪《しょくざい》意識はあるでしょう。他方でイギリスやアメリカに対してそのような意識を持つことはありません。しかし英米はちがうのです。実際のところ当時の英連邦諸国などの国際世論は、天皇をヒトラーやムッソリーニと同じような独裁者とみなしていました。

幣原首相の日本政府は天皇の地位の存続を最優先させます。マッカーサーの占領当局の側も、制度としての天皇を存続させることで、占領政策の円滑化をめざします。ここに幣原とマッカーサーの利害は一致すると同時に、旧連合国や国際世論の天皇制に対する批判に共同して対応することになりました。

両者は天皇の地位の存続を目的として、戦争放棄を掲げることで合意します。天皇の地位は存続しても、戦争を放棄する以上、日本が再び戦争を起こすことはできない、そう主張することで、国際世論の批判を躱《かわ》そうとしたのです。こうして日本国憲法の第一条（象徴天皇）と第九条（戦争放棄）が作られていきます。

第一条と第九条が作られる過程は曲折に満ちています。一九四六（昭和二一）年二月八日、幣原内閣は憲法改正要綱をGHQ（連合国軍最高司令官総司令部）に提出します。五日後、GHQはこの要綱を否認するとともに憲法改正のモデル草案を示しました。改正要綱における天皇の地位は、GHQからすれば帝国憲法の焼き直しにすぎなかったからです。代わりにモデル草案では天皇は「象徴」となっていました。

改正要綱を作成した国務大臣で法律学者の松本烝治《じょうじ》は、この草案に驚きました。文学書の表現のような「象徴」の文字を目にした松本は、「とてもだめだ」と思ったそうです。それでも幣原内閣はモデル草案を受け入れます。

日本国憲法は「押しつけ憲法」なのか？

以上の日本政府とGHQのやりとりからすると、日本国憲法はGHQによる「押しつけ憲法」であるかのようにみえます。本当にそうだったのか、確かめるための傍証としてよく引用されるデータがあります。それは敗戦の年の年末に実施され、翌年二月四日の『毎日新聞』に掲載された世論調査の結果です。天皇制に関して、「支持」九一パーセント、「反対」九パーセントで、圧倒的多数の国民は天皇制を支持していたことがわかります。

注目すべきは、どのような天皇制を支持するかということです。天皇制支持の世論のなかで、約五〇パーセントの割合の意見が「政治の圏外、民族の総家長、道義的中心」で、「現状のまま支持」は約一七パーセントにすぎません。

この世論調査の結果を踏まえれば、国民は幣原内閣の憲法改正要綱よりもGHQのモデル草案の方を支持したのではないでしょうか。そうだとすれば、仮に「押しつけ」だったとしても、国民は積極的に受け入れたと推測できます。

戦争放棄

戦争放棄に関しては、憲法第九条＝幣原の発案説があります。一月二四日の幣原とマッカーサーとの会見において、幣原の方から戦争放棄を口にしたからです。

この日、幣原はマッカーサーに話しました。「かねて考えた世界中が戦力をもたないという理想論を始め戦争を世界中がしなくなる様になるには戦争を放棄するという事以外にないと考える」。対するマッカーサーは、急に立ち上がって両手で手を握り、涙を目に一杯ためて「その通りだ」と言い出しました。幣原はちょっとびっくりしました。ふたりは戦争放棄をめぐって、意気投合しました（服部『増補版　幣原喜重郎』）。

それではこのやりとりから幣原が憲法第九条の発案者だったかというと、通説的な理解によれば、そうではないことがわかります。幣原にとって戦争放棄とは理想あるいは理念でした。戦争放棄を対外的に宣言することはあっても、憲法に条文化することまでは考えていなかったのです。新憲法の草案に戦争放棄を盛り込んだのは、マッカーサーの占領当局でした。

二月二一日、再びふたりの会談がおこなわれます。マッカーサーは、天皇の地位を安泰にする目的で、占領当局の作成した憲法草案には戦争放棄の条項がある旨、説明します。国際世論のなかには天皇を戦犯として裁くべきだとの強硬論がありました。このような国際状況のなかで天皇の地位の存続を図るには、戦争の放棄が必要だったのです。幣原はマッカーサーの真意を理解しました。「大局の上からこの外に行くべき途はない」（渡邉昭夫編『戦後日本の宰相たち』）と決心した幣原は、戦争放棄の条項を持つ憲法草案を作成します。四月一七日、幣原は憲法改正草案の正文を発表しました。

憲法改正をめぐる国会審議は、幣原内閣の後継の吉田（茂）内閣の時に持ち越されます。幣原と同様に外交官出身の吉田は、憲法改正問題を戦勝国との「外交」問題として割り切りました。吉田は国会審議で建前を貫きます。共産党の野坂参三《のさかさんぞう》議員から、戦争の放棄とは侵略戦争の放棄であって、自衛戦争は放棄しないのではないのかと問われて、吉田は「国家正当防衛権」による戦争であっても認めないと否定しています（井上寿一『吉田茂と昭和史』）。

このように反論しているからといって、吉田を理想主義的な平和主義者と考えることはできないでしょう。旧連合国のなかには象徴天皇制度ですら許容できない国がありました。憲法改正問題をめぐるこのような国際環境において、吉田は（内心、不承不承ながら）戦争放棄を受け入れることで、象徴天皇制度を守ろうとしたのです。大日本帝国憲法の改正による日本国憲法は、一九四七（昭和二二）年五月三日に施行されます。

過去は清算できたのか？

日本国憲法は第六条と第七条で、一二項目の天皇の国事行為を定めています。天皇の公務はこれらの国事行為以外にもあります。たとえば外国訪問や行幸啓《ぎょうこうけい》、被災地訪問、追悼と慰霊の旅などです。国事行為以外の公務のなかに、日本の進むべき進路が示唆されます。この観点から重要な意味を持つのが一九七一（昭和四六）年九月二七日出発、一〇月一四日帰国のヨーロッパ七カ国の外国訪問（ベルギー・イギリス・西ドイツ・デンマーク・オランダ・フランス・スイス）です。

この欧州歴訪は皇太子時代の一九二一年の時とは目的が異なっています。一九二一年を思い出しての「感傷旅行」と呼ぶのも当たらないでしょう。目的は欧州諸国との戦争をめぐる過去の清算だったからです。

過去は清算できたのでしょうか。オランダではお召自動車のフロントガラスに魔法瓶が投げつけられました。デンマークでは日本人三人が天皇制批判のビラを撒きました。西ドイツのボンでは約三〇〇人の学生を中心とする抗議デモがおこなわれました。イギリスのロンドンでは、キュー王立植物園のお手植えの杉の木が翌日、根元から切り倒されました。先の大戦をめぐる欧州諸国の反日感情に直面して、過去の清算は不十分に終わりました。羽田空港に帰着した際、昭和天皇はつぎのように述べています。「真に国際親善の実をあげ、国際平和に寄与するためには、なお一層の努力を要することを痛感しました」。

憲法第九条があったから平和だったのか？

昭和天皇は欧米諸国のほかにも中国訪問の希望を持ち続けながら、果たせませんでした。天皇訪中は平成時代になってからの一九九二（平成四）年を待たなければ実現しなかったのです。

昭和天皇は一九四六（昭和二一）年二月の神奈川県から一九五四（昭和二九）年八月の北海道まで、地方巡幸を続けました。しかし沖縄を訪問することはできませんでした。天皇の沖縄訪問が実現したのも平成時代になってからの一九九三（平成五）年のことでした。

以上のように昭和天皇が外国訪問や地方巡幸といった公務をとおして、昭和の時代における戦争と平和の問題に区切りをつけることは、平成時代に持ち越されたのです。戦争と平和の問題に区切りをつけることができたら、憲法第九条を持つ平和国家として国際社会から認められるようになったかもしれません。ところが実際の戦後昭和の日本は、憲法第九条がありながら、日米安全保障条約を結んで日米軍事同盟関係を構築する一方で、自衛隊を創設しました。日本は日米同盟をとおしてアメリカの戦争に関与することになりました。国際常識からすれば、自衛隊は国防軍でしょう。

それにもかかわらず、戦後昭和の時代において、日本が戦争の当事国になることはありませんでした。憲法第九条があったから平和だったのでしょうか。日本人が他国の憲法のことをよく知らないように、他国の人たちも日本の憲法第九条のことは知らないと考えた方がよさそうです。

問われるべきは、憲法第九条の理想の実現に向けて、戦後の昭和日本が何をしたかです。別の言い方をすれば、戦後昭和史において日本は、よい憲法の下でよい政治ができるか否かが問われていたのです。

第二章　政党政治をめぐる三つの疑問

なぜ戦前昭和の政党政治は存在感がないのか？

政党政治とは政党が政治を動かすことです。国家が議会を設置します。議会の多数勢力は政党です。その政党は複数で、単一ではありません。複数の政党のなかでどの政党が多数派になるかは、国民が投票で決めます。したがって多数派の政党は選挙のたびに投票によって変動します。このような国が政党政治の国です。

今日の世界を見渡すと、政党政治の国ばかりとは限りません。北朝鮮や中国はどうでしょうか。あるいは中東産油国のように公式には政党の活動が認められていない国もあります（君塚直隆『立憲君主制の現在』）。

第二次世界大戦後に独立した韓国や台湾、東南アジア諸国（シンガポール、マレーシアなど）も当初は政党政治の国とはいいがたく、独裁的な指導者あるいは単一の政党が長期にわたって経済発展を最優先させた国家（開発独裁国家）でした（坂野潤治＋大野健一『明治維新』）。

日本はどうかといえば、明治維新にまでさかのぼれば、開発独裁国家として出発したことがわかります。開発独裁国家＝日本の政治を主導したのが藩閥政府から元老へ、さらに政党へと移り変わった過程は前章で述べました。この政治過程は民主化の過程でもあります。近代の日本は非西欧世界において民主化を進めた国と胸を張ってもいいはずです。

ところが戦前昭和における政党政治の歴史は存在感がありません。たとえば中学の歴史教科書はつぎのように記述しています。「一九二八（昭和三）年には、男子普通選挙による初の衆議院議員選挙が実施され、労働組合や農民組合が支持する社会主義政党も議席を得ました。ところが、政党政治は、経済や外交などで困難に直面し、次第に行きづまっていきました」（『新編　新しい社会　歴史』）。この文章を含む節の見出しは「政党政治の発展と行きづまり」となっています。どう「発展」したのか、なぜ「行きづまって」いったのでしょうか。

昭和が始まった時、政党内閣も始まっていました。この頃は選挙の結果、衆議院で多数派となった政党の党首が内閣総理大臣の座に就いています。政党内閣（政党が組織する内閣）が政治を動かしていたのです。

しかし政党内閣は、一九三二（昭和七）年の五・一五事件（テロとクーデタ未遂事件）によって崩壊します。立憲政友会の内閣の犬養毅《いぬかいつよし》首相がテロの犠牲になりました。その後の戦前昭和において、政党内閣が復活することはありませんでした。立憲政友会と憲政会・立憲民政党の二大政党制は七年にも満たない短期間のうちに崩壊しました。これでは政党政治の歴史に存在感がないのもやむを得ません。

政党政治研究が立てた三つの問い

それにもかかわらず昭和戦前期の政党政治研究は多くの成果を上げています。これらの研究の主要な問題関心は、つぎの三つにまとめることができます。第一に、政党政治に否定的な帝国憲法の下で、なぜ政党内閣が確立したのか。第二に、犬養内閣崩壊後も政党内閣の復活の可能性があったのに、なぜ復活しなかったのか。第三に、戦前の政党政治と戦後の政党政治は断絶しているのか、連続しているのか。

以下ではこれらの研究と問題関心の共有を図りながら、戦前昭和における政党政治の展開と崩壊、さらに戦後昭和における再生の過程を追跡することにします。

世界的なデモクラシーの潮流

最初の問い「反政党の帝国憲法の下で、なぜ政党内閣が成立したのか」に対する答えは前章ですでに説明したとおりです。確認しておくと、天皇大権と権力分立制を特徴とする帝国憲法の下では、時の経過とともに、政党以外に政治を運用することができなくなったからです。

付け加えると、理由はこのことだけではありません。世界の大勢＝第一次世界大戦後の世界的なデモクラシー化の影響もあります。すでに欧米主要国は、第一次世界大戦前までに男子普通選挙制度を確立し、女性参政権が課題となっていました。第一次世界大戦後、日本でも男子普選要求運動が高まります。女性参政権も同様です。

さらに日本はこの大戦の戦勝国となって、国際連盟の原加盟国・常任理事国になります。同時に国際連盟の一機関の国際労働機関にも加盟します。加盟すれば義務も生じることになります。義務とは労働者の保護と労働条件の改善です。労働者の立場は以前よりも強くなり、男子普選を求めるようになります。政党は新たな有権者になる労働者や農民の支持の獲得をめざして、男子普選を実現させます。一九二五（大正一四）年に成立した普通選挙法は、満二五歳以上の男子に選挙権を認めています。

政党が担う政治へ

この普選法に基づく最初の衆議院総選挙は、一九二八（昭和三）年二月二〇日に実施されます。先の中学の歴史教科書は「労働組合や農民組合が支持する社会主義政党も議席を得ました」と記述しています。実際の獲得議席数は八議席でした。総議席数四六六の約一・七パーセントにすぎません。立憲政友会＝二一七議席、立憲民政党＝二一六議席、合わせて四三三議席は全体の約九〇パーセントです。労働者や農民を中心とする新たな有権者約一〇〇〇万人は、合法無産政党（「社会主義政党」）よりも資本家や地主の政党である二大政党に投票したことになります。

第一回普選を実施したのは、田《た》中《なか》義《ぎ》一《いち》首相の政友会内閣でした。田中首相は、政党と対立しがちな軍部（陸軍）の出身です。なぜ陸軍大将の田中が政友会総裁・首相になったのでしょうか。

昭和が始まった頃、軍人は肩身が狭い思いをしていました。第一次大戦後の世界的な平和の訪れのなかで、軍縮が進みます。軍人の社会的な地位が暴落します。「カーキ色の服は往来でも電車の中でも汽車の中でも、国民の癪《しやく》の種」になっていました。退役軍人が職を求めても、「軍人は頑迷で融通性がない」とけなされるような状況でした。青年将校は結婚難に苦しみ、軍人蔑視の感情が徴兵逃れを続出させました（岡義武『転換期の大正』）。

このままでは陸軍の組織利益を守ることができなくなる、そう考えた田中は、政友会に入党して、陸軍の組織利益を守ろうとしたのです。

立憲民政党の方はどうかといえば、首相になった若槻《わかつき》礼次郎《れいじろう》も浜口《はまぐち》雄幸《おさち》も大蔵省の官僚出身です。官僚も政党をとおしてでなければ組織利益を守れなくなっていました。政治に関与するには政党の党員になるのが手っ取り早かったのです。

戦前昭和の二大政党は相互に似ている

昭和の初めの頃は、政友会と憲政会（民政党）の二大政党制の時代でした。憲政会（民政党）の若槻内閣、政友会の田中内閣、民政党の浜口内閣、民政党の第二次若槻内閣、政友会の犬養内閣と続いています。

この間の衆議院総選挙の結果（議席数）はつぎのとおりです。田中内閣の時の昭和三年二月二〇日はすでにみたように、政友会二一七、民政党二一六で、浜口内閣の時の昭和五年二月二〇日は、政友会一七四、民政党二七三、犬養内閣の時の昭和七年二月二〇日は、政友会三〇一、民政党一四六です。これらの数字は与党選挙の有利性を示しています。

政友会と民政党を比較すると、政友会の方がより保守的で民政党はどちらかといえばリベラルなイメージがあります。このようなイメージは戦後昭和の保守（自由民主党）対革新（社会党・共産党）の対立図式が無意識のうちに投影されているからでしょう。ところが実際は、そうではありませんでした。戦前昭和の二大政党の政策は相違点よりも共通点の方が多かったからです。

たとえば政友会総裁としての田中は、普選実施を翌年に控えた一九二七（昭和二）年四月一六日の臨時大会の演説で、地方分権や教育の改善、農村振興のほかに社会政策の積極的な意義を強調しつつ、資本と労働の「分配」の「適正」化を政策の基本方針に掲げています（井上寿一『政友会と民政党』）。

対する民政党は翌年二月に「七大政策」を発表します。その内容は田中の演説と多くの類似点をもっていることがわかります。「農漁山村の振興」だけでなく、社会政策の実行や「労使関係の合理化」の促進などは田中の掲げる政策と同じです（井上『政友会と民政党』）。

以上の比較から明らかなように、戦前昭和の二大政党は、戦後昭和の保守（資本主義）対革新（社会主義）のようなイデオロギー対立の色彩が希薄でした。代わりに両党は同じような目標に向かって、どちらの方がより早くより大規模に実現できるか、政策を競っていたのです。

政友会と民政党の政策にちがいがあったとすれば、それは財政政策です。政友会＝積極財政対民政党＝緊縮財政の対立は、金解禁（金の輸出入の自由化と金本位制の復活）の是非（是＝民政党対非＝政友会）と連動して、選挙の争点を形成していました。民政党の浜口内閣は一九三〇（昭和五）年に金解禁を実施します。ところが翌年一二月になると、今度は政友会の犬養内閣が金輸出を再禁止したのです。

国家の基本政策をめぐって二大政党の間に大きなちがいがなかったことは、悪いことではありません。たとえば戦後昭和を想起してみてください。戦後昭和は保守対革新の対立図式が鮮明でした。この対立図式を前提として政権交代があったとすれば、それは資本主義から社会主義へ、社会主義から資本主義へと一八〇度、転換することを意味していました。こんなことになったら大変です。実際のところ戦後昭和において保守と革新の間で政権交代が起きることはありませんでした。

別の言い方をすれば、政友会と民政党の二大政党制は、アメリカの共和党と民主党の二大政党制に似ていました。だからこそ政権交代が当たり前のように起きたのです。

二大政党制の限界

それでは戦後昭和よりも戦前昭和の政党政治の方がすぐれていたのでしょうか。残念ながら戦前昭和の二大政党制は大きな問題がありました。

例を挙げます。一九二八（昭和三）年、政友会の田中内閣は不戦条約を結びます。不戦条約には「人民の名に於《お》いて」締結するとの一節がありました。野党の民政党はめくじらを立てます。条約を締結するのは天皇大権の一つの外交大権に拠るのであって、「人民の名に於いて」ではない。このように民政党は天皇大権を持ち出して政友会を非難しました。一九三〇（昭和五）年になると、今度は民政党の浜口内閣がロンドン海軍軍縮条約に調印します。野党になっていた政友会は、「統帥権干犯」と民政党内閣を攻撃します。補助艦の保有比率を決めるのは天皇大権の一つの統帥大権であるにもかかわらず、勝手に条約を結んだのは怪しからんというのです。

政友会も民政党も協調外交を基本としていました（つぎの章でこのテーマを扱います）。実際のところ民政党は不戦条約そのものには賛成でしたし、政友会も海軍軍縮の必要性を認めていました。それなら賛成すればいいのに、野党になると政権与党の得点になることには反対したのです。さらに問題なのは、よりにもよって、批判の根拠が天皇大権だったことです。天皇大権を定めた帝国憲法下であっても、政党が政治を運用するようになっていたのに、このことを自ら放棄するに等しい振る舞いです。

戦前昭和の二大政党制は限界をさらすようになりました。当時、民政党の清瀬《きよせ》一郎《いちろう》衆議院議員は、二大政党制の限界をつぎのように難じています。「只《た》だ政権争奪の為《ため》の甲、乙両組に過ぎぬ。……其《そ》れで争ひをしようとするのであるから、腕力の争ひをするか。相手方の非行を発《あば》くかの外に、する事がなくなるのは当然である」（井上『政友会と民政党』）。

二大政党制への不信が強まるなかで、一九三一（昭和六）年九月に満州事変が勃発します。満州事変をめぐる対外危機が拡大していきます。他方で翌年、五・一五事件が起きます。犬養毅首相がテロの凶弾に倒れ、政友会内閣は崩壊します。ここに戦前昭和の政党内閣の時代は終わりを告げます。中学の歴史教科書は満州事変にともなう「軍部の発言力の高まり」を強調して、つぎのように述べています。「軍人や国家主義者の間では、政党や財閥を打倒して、強力な軍事政権を作り、国家を造り直そうという動きが活発になりました」（『新編　新しい社会　歴史』）。

政党内閣復活の可能性はあったのか？

ところが実際は、犬養が凶弾に倒れたにもかかわらず、後継内閣は引き続き政友会内閣になることが期待されていたのです。この点に関連して、戦前昭和の政党政治史研究は、犬養内閣崩壊後の政党内閣復活の可能性を探索し続けて今日に至っています。政党内閣復活の可能性はあったのでしょうか。

犬養内閣の後継は、政友会内閣ではなく、ロンドン海軍軍縮条約に賛成した「穏健派」の海軍大将斎藤実《さいとうまこと》を首相とする非政党内閣でした。斎藤が首相に選ばれたのは、五・一五事件の影響があったからです。五・一五事件の背景には腐敗した政党政治（とくに二大政党制）への国民の怒りがありました。このことから後継は、政党内閣復活を前提としつつも、当面の対外危機と国内危機の緩和を目的とする「非常時暫定内閣」として、斎藤の非政党内閣が成立したのです（村井良太『政党内閣制の展開と崩壊』）。

危機の緩和は容易ではありませんでした。斎藤のつぎからも岡田（啓介）、広田（弘毅《こうき》）、林（銑十郎《せんじゅうろう》）の三つの非政党内閣が続きます。

この間に二度、衆議院総選挙がおこなわれています。一九三六（昭和一一）年二月二〇日の結果は、政友会一七一、民政党二〇五、社会大衆党一八議席でした。翌年四月三〇日の結果は、政友会一七五、民政党一七九、社会大衆党三七議席となっています。

これらの選挙結果は何を示唆しているのでしょうか。民政党を第一党の座に就け、社会大衆党の議席を倍々ゲームで増やす有権者は、民政党と政友会が連携しながら社会大衆党も協力する政党内閣の復活を求めていたとの解釈があります（坂野潤治『昭和史の決定的瞬間』）。

ところが実際にはこのような政党内閣が復活するよりも前に、「非常時暫定内閣」は国内外の危機に見舞われます。国内外の危機とは二・二六事件（一九三六〈昭和一一〉年）と日中戦争の勃発（一九三七〈昭和一二〉年）のことです。

大政翼賛会がもたらしたもの

危機が続くなかで、三度も首相の座に就いたのは近衛《このえ》文麿《ふみまろ》でした。二大政党は国民が与えた政党内閣復活のチャンスを活《い》かせませんでした。非政党勢力の方も人材が払底して、首相適格者を出せなくなっていました。首相選定の状況が行き詰まるなかで、元老西園寺公望《さいおんじきんもち》は温存していた首相候補者を指名します。家柄のよい青年貴族の近衛文麿の内閣は「空前の人気内閣」になりました（筒井清忠『近衛文麿』）。

政党は近衛内閣を支持します。近衛が新しい政治体制を作ろうとすると、政党は自ら解党して、この新体制に参入します。すべての政党が解消したあとに大政翼賛会が成立します（一九四〇〈昭和一五〉年一〇月）。ここに戦前昭和の政党政治は終止符を打ったのでしょうか。

そうではありませんでした。最初に解党したのは、社会大衆党です。近衛の新体制への期待が強ければ強いほどその政党は解党を急ぎました（最後は民政党でした）。社会大衆党は一国一党制のような大政翼賛会をとおして、資本主義の改革をめざしたのです。対する旧既成政党勢力（旧政友会・旧民政党）は、大政翼賛会が日本の「社会主義化」を進めようとしていると批判します。こうして大政翼賛会は政治の場となり、旧既成政党勢力も復権を果たしていきます（井上寿一『日中戦争』）。

大政翼賛会の成立の翌年一二月、日米戦争が始まります。ほどなくして戦況は日本に不利な展開を示すようになります。戦況の急速な悪化は、旧政党勢力を勢いづかせます。

旧政党勢力は戦争終結を目的とする「終戦新党」の結成をめざします。

しかしながら国民は新党結成に関心を抱くことができませんでした。戦時下の極限状況を生きる国民にとって、それどころではなかったからです。政党の復活は敗戦を待たなくてはなりませんでした（井上寿一『戦前昭和の国家構想』）。

占領下の政党

敗戦後、政党は復活します。戦後昭和に復活した政党は、戦前からの連続性を強く持っていました。たとえば自由党は旧政友会の系譜です。あるいは進歩党は旧民政党出身の議員が中心となって結成されました。

敗戦の翌年四月一〇日に衆議院議員総選挙が実施されます。第一党は自由党（一四一議席）、第二党は進歩党（九四議席）でした。第一党と第二党が旧政友会と旧民政党の系譜の政党だったことになります。

戦後の諸政党はこのような連続性を持ちながら、戦前昭和との断絶の側面もありました。戦前との大きなちがいは女性参政権が認められたことです。その結果、一九四六

（昭和二一）年の衆議院総選挙では女性議員が三九名、当選しています。

つぎに戦前は非合法化されていた共産党が合法化され五議席を獲得していることも大きなちがいです。

さらに自由党と進歩党は旧政友会と旧民政党の単純な復活ではなかったことに注目する必要があります。総選挙にさき立って、占領当局は公職追放令を発しました。「軍国主義者」や「国家主義者」が公職から追放されることになったのです。公職追放令は自由党と進歩党に大打撃を与えます。戦時中の翼賛選挙に推薦議員で当選した議員も公職追放の対象になったからです。結党時、自由党は四三名中三〇名、進歩党は二七四名中二六〇名、社会党も一七名中一〇名が該当していました（福永文夫『日本占領史』）。

その結果どうなったかといえば、自由党と進歩党を含む諸政党からの新人議員の大量当選です。その数三七五名、全議員の約八〇パーセントを占めることになりました。

このような総選挙の結果を受けて、誰が組閣するかは自明だったはずです。第一党の総裁鳩山一郎は、公職追放令もなんのその、首相になる気が満々でした。戦前の政友会議員だった鳩山は、戦時中、大政翼賛会に属さなかった政治家です。自分は手が汚れていない、そんな自負があったのでしょう。

ところがそこへ占領当局から鳩山追放の指令が届きます。表向きの理由はいくつかありました。たとえば戦前、文部大臣を務めていた時、鳩山は自由主義的な法学者の滝川《たきがわ》幸辰《ゆきとき》京都帝国大学教授の追放に加担しました。あるいは総選挙の直前の四月六日、外国人記者団との晩餐会《ばんさんかい》の席上、ヒトラーやムッソリーニを礼賛した鳩山の戦前の著書が槍玉に上げられることも起きました（福永『日本占領史』）。この程度の事実で追放に該当するのか、確信が持てなかったのは当の占領当局です。それでも鳩山は、占領当局内の政治力学によって、追放されました。

連合国軍最高司令官総司令部（GHQ）内では日本占領をめぐって、民政局（GS）と参謀第二部（G2）が対立していました。鳩山追放を主導したのは、G2よりも急進的な日本の戦後改革を進めようとするGSでした。総選挙の結果が示す日本国民の民主化の水準は、GSの期待値を下回っていました。

独立回復に吹く追い風

それでも自由党が鳩山の後継として吉田茂を押し出すと、GSも渋々ながら、認めざるを得ませんでした。戦勝国が敗戦国を占領する方法は、ドイツに対するような直接統治（軍政）と日本に対するような間接統治の二つがありました。間接統治は占領にともなう軍事的・政治的・経済的・社会的コストの削減と占領行政の円滑化の効用があります。建前上も間接統治によって日本の民主化を進めなければならなかったのですから、吉田のことが気に食わなくても、GSを中心とする占領当局は、吉田の組閣を認める以外に選択の余地がなかったのです。

外交官出身の吉田には「アリバイ」がありました。戦前は駐英大使として日英親善を模索した経験があります。戦争末期には戦争終結工作に関与して、憲兵隊に拘束されています。鳩山とちがって、吉田は手が汚れていなかったのです。

一九四六（昭和二一）年から一九五四（昭和二九）年までの間に、吉田は五度、内閣を組織しています。この間（とくに第三次内閣の時）の吉田にとって、最優先されるべきは日本の国家的な独立の回復でした。対する占領当局（なかでもアメリカ国防総省）は時期尚早論の立場で、できるだけ長く日本を占領する意思を持っていました。

そこへ吉田に追い風が吹いてきます。追い風とは米ソ冷戦の開始のことです。冷戦はアジアで熱戦に転化します。その一つが一九五〇（昭和二五）年六月に勃発する朝鮮戦争でした。これ以上の長期の占領は日本の離反を招く。そう考えたアメリカ国務省は、アジアで熱戦と冷戦を戦っていくうえでも、独立回復を認めて、日本を味方に付けようとしたのです。

独立回復後の政党のねじれ

一九五一（昭和二六）年九月四日、アメリカのサンフランシスコで講和会議が開かれます。同月八日、ソ連・ポーランド・チェコスロヴァキアの社会主義国三カ国が欠席するなかで講和条約は調印されました。

調印に至る過程で、冷戦の影響を受けながら、政党は講和論争を繰り広げます。社会党・共産党の革新勢力は、社会主義国を含む「全面講和」の立場です。対する保守勢力は社会主義国を含まない「単独講和」の立場です。この講和論争に対する国民世論の反

JAPAN

応はどうだったのでしょうか。当時の新聞の世論調査は、いずれも国民世論が「単独講和」に傾いていたことを示しています（福永『日本占領史』）。

戦後昭和の政党政治が冷戦の影響だけで展開したのだとすれば、話はわかりやすかったでしょう。アメリカ＝資本主義陣営対ソ連＝社会主義陣営の国際冷戦が保守対革新の国内冷戦をもたらしたことになるからです。

ところが実際はもう少し複雑でした。サンフランシスコ講和条約と同時に日米安全保障条約が締結されました。このことは社会党を分裂させます。左派社会党は講和条約にも安保条約にも反対でした。対する右派社会党は安保条約反対では同じでも、講和条約に賛成する点で異なっていたのです。

保守勢力内でも対立が顕在化していきます。独立回復後、公職追放が解除されます。それだけでなく、岸信介《きしのぶすけ》のような東京裁判でA級戦犯容疑者となった人でも、一九五三（昭和二八）年の衆議院総選挙を経て衆議院議員になったのです。

一九五五年体制の成立

公職追放解除は鳩山一郎を勢いづかせます。鳩山からすれば、しばらくの間、吉田に政権を預けたにすぎません。政権を返さない吉田に対して、鳩山は反吉田勢力を結集します。吉田の長期政権に倦《う》んでいたこともあり、国民は鳩山を歓迎し、鳩山ブームが起きます。公職追放に耐えながら不自由な体をおして首相をめざす鳩山に同情が寄せられたのです。ワンマン政治の吉田に対して、鳩山に「明るく、開放的で庶民的な雰囲気」があったことも幸運を引きよせました（北岡伸一『自民党』）。

一九五四（昭和二九）年一二月八日、鳩山は国会で首班指名を受けます。しかし翌年二月二七日の衆議院総選挙では、鳩山は単独過半数を獲得することができませんでした。ここに保守合同をめざして、保守政党間で交渉が始まります。

保守合同による戦前回帰を警戒した革新勢力は、左右の社会党の統一に向かいます。一九五五（昭和三〇）年一〇月、社会党は統一されます。翌月には今度は保守勢力の側の政党合同によって、自由民主党が結成されます。ここに自民党と社会党を中心とする戦後政党政治の体制＝一九五五年体制が成立しました。

戦前回帰を不安視する国民

鳩山の後継は岸信介でした。岸首相は日米安保条約の改定を主要な目標に掲げます。対等性を求めてのアメリカとの改定交渉は、比較的スムーズでした。ところが新安保条約の批准をめぐって、安保騒動が起きます。岸首相は強行採決によって批准を得ました。この国会運営の手法が空前の反対運動を引き起こしたのです。戦前、満州国の建国に関与し、東条内閣の閣僚を務め、戦後はA級戦犯容疑者となった人物が議会制民主主義を踏みにじっていると非難されました。当時は敗戦後から一五年しか経っていません。戦前に逆戻りしてしまうのではないか、そのような心配は杞憂《きゆう》とは言い切れませんでした。岸は混乱の責任をとって辞任しました。

政治の季節から経済の季節へ

鳩山、岸と反吉田勢力から首相が出たあと、つぎは吉田の政治勢力から池田《いけだ》勇人《はやと》が首相の座に就きます。

大蔵官僚出身の池田は蔵相経験がありました。岸政権に対する国民世論の非難を踏まえて、池田は保守政治の路線転換を図ります。その一つは政治から経済への転換です。憲法改正を視野に入れながら安保改定を実現した岸による政治の季節は終わり、池田の下で経済の季節が始まります。池田が掲げた基本目標は「所得倍増計画」でした。一九六〇（昭和三五）年から数えて一〇年後に所得が倍増になるとのキャッチフレーズは国民を魅了しました。

もう一つは「高姿勢」から「低姿勢」（「寛容と忍耐」）への転換です。岸の安保改定の手法は、法律上（国会法上）瑕疵《かし》がなく合理的でした。しかし国民に対しては「高姿勢」と映りました。そこで池田は「低姿勢」を演出します。「ゴルフはしない、待合へは行かない」と公約します（北岡『自民党』）。憲法改正問題を棚上げにして、経済成長によって国民統合を図る池田の政策路線は、空前の成功を収めます。

自民党一党優位体制の変容

その結果、一九五五年体制下での政党の勢力分布は、自民党への有権者の強い支持によって、自民党対社会党＝一対〇・五となって持続します。この数字をもって一九五五年体制は一・五大政党制（自民党一党優位体制）と言い換えられることがあります。一・五大政党制下では政権交代が起きることはありません。社会党を中心とする野党の革新勢力は、与党を批判する勢力にとどまることになりました。

池田の後継となったのは、運輸省の官僚出身で池田と同様に吉田茂の政治勢力の系譜につながる佐藤栄作でした。佐藤は斬新な国内政策を打ち出します。それが「社会開発」政策です。佐藤の助言者集団は、佐藤を「真ん中より左」の政治家として演出しました（村井良太『佐藤栄作』）。総合的な福祉政策のなかに社会開発論を位置づけた佐藤の国内政策は、公害に代表される高度経済成長にともなう社会の歪《ゆが》みを是正する意図がありました。

他方で高度経済成長によって増加した国家的な富の再分配をとおして、利益誘導政治を展開したのが佐藤の後継の田中角栄でした。

今日では時ならぬ田中角栄ブームで、過大に再評価されています。しかし、同時代においては「保守の危機」が叫ばれていました。田中の利益誘導政治が政治的な腐敗や社会的な歪みの是正の遅れをもたらしていたからです。実際のところ一九七二（昭和四七）年一二月一〇日の衆議院総選挙では野党が躍進しています。社会党は二八増の一一八議席、共産党は二四増の三八議席でした。一年半後の参議院選挙では与野党逆転が予想されるまでに至ったのです（中北浩爾『自民党政治の変容』）。一九七四（昭和四九）年の参議院選挙は、そこまでではなかったものの、与野党伯仲状況が生まれました。

そこへ石油危機が襲います。世界経済の混乱にともなって、日本も戦後、初めてマイナス経済成長を記録しました。経済が右肩上がりならば、増えていく富の再分配による利益誘導政治ができます。しかし石油危機による高度経済成長の終焉《しゅうえん》によって、利益誘導政治は機能しなくなったのです。ここに自民党＝保守政治の危機が深刻化していくことになりました。

機能不全に陥る政党政治

自民党政治の自己改革が本格化するのは、一九八〇年代に入ってからのことです。自民党の自己改革の一つが一九八二（昭和五七）年一〇月一二日に実施された党員・党友一〇四万五七一四人による総裁予備選挙です（中北『自民党政治の変容』）。派閥力学と密室政治で決まっていた自民党総裁選びの民主化が進みます。

この選挙の結果、総裁に選ばれた中曽根康弘が首相に就任します。中曽根首相は三公社（日本電信電話公社・日本専売公社・国鉄）の民営化に力を注ぎます。なかでも国鉄民営化が緊急を要していました。それというのも当時の国鉄は、二〇兆円の借金を抱え一日当たり三八億円の利子が増えていたからです（服部龍二『中曽根康弘』）。民営化・規制緩和・歳出削減による「小さな政府」をめざす中曽根首相の政策路線は、有権者の支持を得ます（中北『自民党政治の変容』）。一九八六（昭和六一）年七月六日の衆参ダブル選挙で、自民党は歴史的な大勝利を収めました（衆議院では追加公認を含めて三〇四議席、参議院でも七四議席）（中北『自民党政治の変容』）。

中曽根首相はさらに財政基盤の安定を求めて、売上税の導入を唱えます。しかし売上税に対する国民の批判は、内閣支持率を二四パーセントにまで急落させます（服部『中曽根康弘』）。売上税は、中曽根内閣の退陣後、つぎの竹下登内閣の時に、消費税となって実現します。

しかし中曽根内閣も竹下内閣も政治的な腐敗と無縁ではありませんでした。竹下内閣の時にリクルート事件が発覚します。リクルート事件とは、リクルートの江《え》副《ぞえ》浩正《ひろまさ》会長が関連会社の未公開株を譲渡した贈収賄事件のことです。当時の竹下首相、中曽根前首相などの自民党首脳の関与が明らかになりました（中北『自民党政治の変容』）。

結局のところ、自民党の自己改革努力には限界がありました。戦後昭和の政党政治は、自民党派閥間での総裁＝首相選出という疑似政権交代を特徴としています。しかしそのような政治システムは昭和が終わろうとする頃、機能不全に陥っていました。昭和の末年頃には、戦前昭和のような政権交代のある政党政治が求められるようになります。こうして昭和の政党政治は原点に戻ったのです。

第三章　戦前と戦後に共通する協調外交

戦前昭和の協調外交とは何か？

昭和史の始まりにおける日本外交は、対外侵略戦争の前史として位置づけられるのが普通です。たとえば中学校の歴史教科書は、「昭和恐慌と政党内閣の危機」の章において、「難航する外交」の見出しで取り上げています。ページをめくると、つぎの章は「満州事変と軍部の台頭」とすぐ戦争の話に移ります（『新編　新しい社会　歴史』）。

なぜ昭和初期の外交は「難航」していたのでしょうか。この歴史教科書の記述によれば、つぎのようになっています。国内統一を進める蔣介石《しょうかいせき》の政府は、「不平等条約の撤廃を求める民族運動の高まりを背景に、日本などの列強が持つ権益の回収を唱えました」。この記述に続くのが一九二八（昭和三）年六月四日の張作霖《ちょうさくりん》爆殺事件（現地の日本軍＝関東軍が満州の軍閥＝張作霖を爆殺した事件）です。事件処理をめぐって引責辞任した政友会の田中義一《たなかぎいち》首相の後任は、民政党の浜口雄幸《はまぐちおさち》でした。この歴史教科書は、浜口首相がロンドン海軍軍縮条約を結びながら、「一部の軍人や国家主義者」の「批判」を受け、「おそわれて重傷を負い、辞任に追いこまれました」と述べています。

このように日本外交の行き詰まりが強調されれば、満州事変は避けがたかったと考える人も多いでしょう。背広姿で丸腰の外交官と軍服姿で銃や刀を持つ軍人とが対立すれば、外交官は太刀打ちできません。しかし実際には張作霖爆殺事件が起きても、日中関係は修復に向かいます。浜口首相の辞任にもかかわらず、ロンドン海軍軍縮条約に基づいて、調印国のアメリカやイギリスとの協調関係が進展します。戦前昭和の外交は協調外交として始まったのです。

協調外交とは、内政不干渉（他国の国家体制に干渉しない）の原則の下で、共通の目標の実現をめざして、国益の調整をおこなう外交のことを指します。協調外交は二国間外交に限らず、国際機構や国際会議などの場における多国間協調外交でもあります。

政党内閣の中国政策

以下では満州事変に至る日本外交の展開過程を再現します。その際にもう一度、当時の外交が協調外交だったことを確認しておきます。

例を挙げます。中国の不平等条約の撤廃（とくに関税自主権の回復）をめぐって、昭和が始まる前年（一九二五年）の一〇月、一三カ国による国際会議＝北京関税会議が開催されます。政友会はこの国際会議の重要性から植原悦二郎《うえはらえつじろう》議員を派遣します。北京の植原は本国への報告のなかで、「今や我国民は、日支親善は我国の国是であらねばならぬと自覚して居る」と強調しています（井上寿一『政友会と民政党』）。

政友会は外交交渉によって不平等条約問題の解決を図る立場でした。政友会の田中内閣は、この立場から英米との共同歩調を重視します。他方で日露戦争の結果、条約で認められた満蒙権益（旅順・大連の租借地や南満州鉄道とその付属地など）を手放す意思はありませんでした。田中内閣は満州の地方軍閥の張作霖をとおして、満蒙権益を維持する方針だったのです。

張作霖爆殺事件は、このような田中内閣の基本路線に対する関東軍の反抗でした。関東軍は張作霖をとおしてではなく、直接、満州を支配しようとしたからです。関東軍の意図はこの事件によって実現したのでしょうか。たしかに張作霖を排除することはできました。事件の責任をとって田中内閣も退陣しました。この限りでは成功だったのかもしれません。しかし田中内閣の後継は民政党の浜口（雄幸）内閣でした。

一九二七（昭和二）年六月一日の結党に際して、民政党は五カ条の基本方針を掲げています。その第三条は「国際正義を国交の上に貫徹し人種平等資源公開の原則を拡充すべし」です。ここに示される民政党の外交の基本理念は、通商・貿易や資源の平等原則をとおして国家間の平等を実現することでした（井上『政友会と民政党』）。浜口内閣はこの基本理念に基づいて、一九三〇（昭和五）年五月六日、日華関税協定を結びます。日本は条件付きながら、中国の関税自主権を承認することになりました。

追い詰められた軍部が打った手

さらに同じ年に浜口内閣はロンドン海軍軍縮条約を結びます。海軍の補助艦保有制限をめぐる外交交渉は、各国の利害が対立して難航しました。困難を乗り越えて妥結に至ったことは、大きな成果をもたらします。軍縮の実現による国際的な緊張緩和だけでなく、交渉の過程で日英米三国の相互理解と協調が進んだからです。戦前昭和の外交は国際協調の頂点に達しました。

このような内地の状況に危機感を抱いたのが関東軍です。張作霖爆殺事件にもかかわらず、満州を直接コントロールすることはできず、国内では政党内閣が協調外交の成果を誇っていたからです。追い詰められた関東軍は直接行動に出ます。それが一九三一（昭和六）年九月一八日の柳条湖《りゅうじょうこ》事件でした。満州の奉天郊外の柳条湖で満鉄の線路が爆破されます。関東軍の謀略でした。柳条湖事件をきっかけとして、満州事変が拡大した過程はよく知られています。結果を知っている今日の視点からすれば、満州事変の拡大は不可避でした。

対する同時代の視点はちがいます。柳条湖事件が起きた時、民政党の若槻《わかつき》（礼次郎）内閣は、幣原《しではら》（喜重郎）外相の主導の下で、満州事変の不拡大に努めます。関東軍対外務省では外務省に勝ち目がないようにみえます。しかしそれは結果論です。幣原外相はそれまでに築いた対英米協調の成果を活《い》かします。アメリカとの連携プレーを背景にしながら、事変を拡大するとアメリカが経済制裁を発動して大変なことになる、幣原はそのように軍部を牽制することで、不拡大を試みます。一二月初旬の段階では、天皇の不拡大の意思も強く、民政党内閣は参謀本部と連携して関東軍を抑制していました（小林道彦『近代日本と軍部』）。

なぜ国際連盟から脱退したのか？

他方で中国政府は国際連盟に提訴します。翌一九三二（昭和七）年二月、日本は国際連盟脱退の意思表示をおこないます。今の中学校の歴史教科書でも、よく知られた同時代の新聞記事を掲げて、その時の様子を「我が代表堂々退場す／四十二対一票、棄権一」と伝えています（『新編　新しい社会　歴史』）。この新聞記事はずいぶん前から変わらず歴史教科書に掲載され続けていると記憶しています。満州事変によって日本は国際的な孤立に陥った、そう理解させる意図があるのでしょう。

ところがジュネーヴの国際連盟で「四十二対一票、棄権一」に至る実際の過程は、曲折に満ちていました。満州事変の拡大にもかかわらず、イギリスとチェコスロヴァキアは日本を国際連盟内に引き止めようと試みています。イギリスは一方では日中間の仲裁に努めながら、他方では欧州における国際連盟の安全保障の役割を重視していました。

チェコスロヴァキアの方はどうかといえば、第一次世界大戦後、新たに独立した欧州の諸小国と同様に、自国の安全保障を国際連盟に依存していました。チェコスロヴァキアは国際連盟加盟国のなかの対日非難を強める国と日本との間で、妥協的な解決を模索していたのです。

なぜイギリスとチェコスロヴァキアはこのような外交努力を続けたのでしょうか。日本は国際連盟の原加盟国・常任理事国でした。その日本が国際連盟を脱退することになれば、国際連盟の安全保障は機能不全に陥りかねません。そうならないように両国は日本を国際連盟内に引き止める外交を展開したのです。

このような事情はわかりにくいかもしれないので、イメージが湧きやすい別の事例を挙げます。二〇一四年ウクライナに侵攻したロシア、あるいはベトナム戦争やイラク戦争の当事国であるアメリカ、これらの国は、国際連合から脱退しようとしたでしょうか。もちろんその意思はありませんでした。対する国際連合の側もロシアやアメリカの脱退を求めることはありませんでした。安保理常任理事国のロシアとアメリカが国連から脱退してしまえば、国連安保が機能不全に陥ることは明らかだからです。

当時のイギリスやチェコスロヴァキアが求めていたのは、満州事変が地域紛争として収束することでした。これらの国は極東の限定的な地域紛争が欧州安保に影響することを避けたかったのです。日本も満州事変の正当性が認められれば、常任理事国の地位を放棄してまで、わざわざ脱退する必要はありませんでした。

日本側の期待にもかかわらず、残念なことにイギリスとチェコスロヴァキアの仲介外交が功を奏することはありませんでした。四二対一は、日本の国際的な孤立だけでなく、欧州安保と極東の地域紛争（満州事変）を秤《はかり》にかければ、欧州安保を優先させなければならなかった国際連盟の事情を示唆していました。

付言すると「四十二対一棄権一」で採択された国際連盟の対日非難勧告は、対日脱退勧告ではありません。日本が自ら脱退を選択したのです。その背景にあった日本の外交当局者の見通しは、つぎのとおりです。これ以上、国際連盟との外交関係を悪化させたくない、日本が率先して脱退すれば、かえって対外危機は鎮静に向かう。事実そうなっていきます。日本の脱退通告によって、国際連盟側は満州事変問題に区切りをつけました。日本は非加盟国であっても参加できる国際連盟の諸会議（たとえば軍縮会議）に残留するとの意思表示をもって対応しました。国際連盟から脱退することで、対国際連盟関係の危機を鎮静化させ、協調の修復に努めることを〈協調のための脱退〉と呼べば、日本の国際連盟脱退は〈協調のための脱退〉だったのです。

広田外交が先か現地軍が先か

対国際連盟関係に続いて、日米協調関係も修復に向かいます。この年六月、ロンドンで世界恐慌対策を目的とした国際会議に六四カ国が参加します。日本はこのロンドン世界経済会議でアメリカと歩調を合わせ、通商貿易の自由の原則に基づく世界恐慌の克服を目標に掲げました。

より重要なのは日中関係でしょう。満州事変にともなう日中の軍事対立は、この年五月末に停戦協定が結ばれたことによって、大きな区切りがつきます。日本の国際連盟脱退通告は、中国側の変化を生みます。中国側からすれば、国際連盟は頼りにならないことがはっきりしました。他方で停戦協定によって日中関係の危機は鎮静に向かいます。ここに蔣介石の中国政府内において対日妥協路線が台頭します。日中外交関係の修復も始まります。

一九三〇年代の世界は、大恐慌を背景に、国際的な地域主義（地理的に近いことに基づく国家間の結びつきの強化）が台頭していました。ヨーロッパはヨーロッパ、アメリカはアメリカ、アジアはアジアというように。

アジアでは日本と中国が何らかの結びつきを強めなくてはなりませんでした。同時に東アジアにおける国際的な地域主義は、日本にとって厄介な問題を投げかけていました。満州を「侵略」しておきながら、日本はどうすれば中国と協力して東アジアの地域主義を具体化できるのでしょうか。この難問に直面したのが広田（弘毅《こうき》）外相でした。日本にとって幸いなことに、中国も国際的に孤立していました。満州事変が起きたのに、道義的な支持はともかくとして、国際連盟や主要国から具体的な支援を得られないでいたからです。そうだからこそ蔣介石の中国国民政府内で対日妥協路線が形成されました。広田外交は蔣介石政府内の対日妥協路線の推進勢力と連携して、日中関係の修復をめざします。

他方で現地軍が中国本土に手を伸ばし始めます。陸軍の仮想敵国はソ連でした。中国本土をコントロール可能にしておけば、対ソ戦略上、優位に立てます。

広田外交の日中関係修復の試みは、現地軍の勢力拡大との競争になりました。一九三五（昭和一〇）年は競争の折り返し地点です。この年の前半までは広田外交が一歩さきを行きました。後半は現地軍の勢力が力を増していきます。

結局のところ、広田外交と蔣介石政府の対日妥協路線との間に目ぼしい成果が上がらないうちに、現地軍は華北地方を蔣介石政府から政治的に切り離そうとします。この華北分離工作に対して、蔣介石政府は対日妥協路線を放棄します。こうなると日本側からの思い切った譲歩でもない限り、外交修復は困難な状況に陥りました。

国民にとってなじみの薄いドイツとの協定

現地軍が中国大陸で既成事実を作り上げる過程で、外交の主導権は軍部に奪われていきます。その具体例が一九三六（昭和一一）年一一月二五日に締結された日独防共協定です。この協定の目的は、欧州における現状打破国＝ヒトラーのドイツとの連携によって、東アジア国際政治を主導することでした。

日独防共協定は、外務省の協調外交路線に対する挑戦でもありました。欧州において現状打破国＝ヒトラーのドイツと対立していたのが現状維持国＝イギリスだったからです。この頃、外務次官だった堀内謙介はのちに述べています。「日本外交の枢軸は長い間、日英同盟と考えられてきたが、それを外交的にはなじみの薄いドイツに乗り換えようというのである。これは国民にとって、どこかなじみにくいことであった」（井上寿一『危機のなかの協調外交』）。

経済的な後ろ盾のアメリカとの外交関係の変化

イギリスとの対立を孕《はら》みながら、対中外交の修復が進まないうちに、一九三七（昭和一二）年七月七日に盧溝橋《ろこうきょう》事件が起きます。北京郊外の盧溝橋で起きた日中間の偶発的な軍事衝突は、全面戦争に拡大します。

それでも協調外交路線は、日中戦争を与えられた条件としながらも、失われませんでした。一九三〇年代の国際的な地域主義は、経済ブロック化をもたらします。日本は「東亜新秩序」の実現を外交目標に掲げます。この「東亜新秩序」は「東亜」以外を排除するブロック経済秩序ではありませんでした。発展する日本経済にとって、通商貿易の範囲は「東亜」に限ることなく、世界中に広がっていたからです。あるいは「東亜」の開発に日本が投資するにしても、アメリカなどの市場への輸出で得た外貨で投資するのであって、対欧米経済協調は「東亜新秩序」の経済的な基盤を築く上でも必要でした。別の言い方をすれば、日本はアメリカ経済に依存しながら、中国との戦争を続けていました。

日中戦争は長期化します。日本の軍事的な勢力拡大は東南アジアに及びます。東南アジアからの蔣介石政府への支援ルート（援蔣《えんしょう》ルート）を遮断しながら、この地域の資源を確保して、中国との持久戦を戦おうとしたからです。日本軍は一九四〇（昭和一五）年九月、北部仏印（フランス領インドシナ）に進駐しました。

日本の軍事的な勢力拡大に対して、アメリカは段階的な経済制裁の実施によって、抑止に努めます。経済制裁は戦争に至らない範囲での抑止の手段でした。

日独伊三国同盟

同じ年の同じ月、日本は日独伊三国同盟を結びます。日独伊三国同盟は日米戦争への分岐点だったと指摘されます。遠からず欧州においてドイツ・イタリアと戦争をする決意を固めたアメリカからすれば、三国同盟によって日本との戦争も不可避になったはずだからです。

ところが実際はちがいました。日本政府内では軍部だけでなく、対米関係の調整を試みていた外務省にとっても、三国同盟は有用性がありました。欧州を席巻《せっけん》していた独伊との同盟は、日本の外交ポジションの強化につながり、翌年前半の日米交渉にプラスの影響を及ぼしたからです。アメリカ側にとっても、欧州での戦争を優先させるのであれば、対日戦争は回避する方が軍事戦略上、合理的でした。

独ソ戦がきっかけに

しかし日米交渉が進み始めたかにみえた時、状況は急変します。一九四一（昭和一六）年六月二二日、独ソ戦争が始まったからです。ドイツが対ソ戦に手を広げたことに

よって、三国同盟の軍事的な効果は弱まります。日米交渉においてアメリカは攻勢に出ます。日米交渉の妥結点はわからなくなりました。

さらに翌月、日本は南部仏印に進駐します。日本の南部仏印進駐はアメリカの態度を硬化させます。南部仏印から日本の戦闘機・爆撃機が直接フィリピン（アメリカの植民地）やシンガポール（イギリスの植民地）を攻撃できるようになったからです。ここに日米交渉は暗礁に乗り上げます。日本はこれ以上、外交交渉を続けるよりも、真珠湾攻撃を選びました。

アジア太平洋の広範囲な地域における日本の主要な戦争相手国はアメリカでした。戦争の最後の年に起きた沖縄戦、東京大空襲、広島・長崎への原爆投下、これらの惨禍が主にアメリカによって引き起こされたことはいうまでもありません。

別の言い方をすれば、対日戦争でもっとも大きな犠牲を払ったのはアメリカであり、そのアメリカが敗戦後の日本に対して、圧倒的な影響力を及ぼすことになるのです。

対米協調外交の復活

戦後昭和の外交は、「米国に対する「追随」路線と「自主」路線の戦い」だったと指摘されることがあります。孫崎享『戦後史の正体』によれば、対米「追随」路線を推進したのは吉田茂です。対する「自主」路線の推進者は敗戦の年の九月二日に降伏文書に調印した外相の重光葵《しげみつまもる》です。

吉田が「追随」路線だったことの証拠として同書が挙げているのは、占領下の米軍駐留経費です。同書は一九四六年からの六年間の駐留経費の金額と一般会計の歳出に占める割合（カッコ内）をつぎのように引用しています。三七九億円（三二パーセント）、六四一億円（三一パーセント）、一〇六一億円（二三パーセント）、九九七億円（一四パーセント）、九八四億円（一六パーセント）、九三一億円（一二パーセント）（孫崎『戦後史の正体』）。

これらの数字をもって吉田は「米国のいうとおりにした」といえるのでしょうか。少なくとも一般会計の歳出に占める割合は、年次を追うごとに確実に下がっています。吉田は米軍駐留経費の削減に努めたと評価すべきではないでしょうか。

他方で同書によれば、「日本の国益を堂々と主張する」重光はアメリカにとって不要だったので、九月一七日に外相を辞任させられ、翌年、A級戦犯容疑で逮捕起訴されたとのことです（孫崎『戦後史の正体』）。

重光に対するこのような評価は史実に反しています。重光の逮捕訴追を求めたのは、アメリカではなくソ連です（武田知己『重光葵と戦後政治』）。重光もそのように理解していました。獄中での重光の手記（一九四六〈昭和二一〉年五月一日）は、重光の腹心の外務官僚太田三郎が四月三〇日に面会に来た時の様子を記しています。太田は重光に言いました。「全く蘇連《それん》の仕業です。蘇連検事が着任してから起つた事で、起訴の前日最後的に大臣（重光）と梅津（美治郎）大将とを起訴することになつたのです」。太田からの情報に重光は「これで事情が読めた気がした」と記しています（重光葵『重光葵手記』）。

さらに重光の評伝研究（武田『重光葵と戦後政治』）によれば、戦後の日本におけるアメリカのデモクラシーの導入は、重光にとって戦前においてめざした国内「革新」の実現を図ることと等価で、冷戦下での「対米協調路線」の選択と矛盾しないというのです。要するに重光も「対米協調路線」だったことになります。

吉田＝対米「追随」路線対重光＝対米「自主」路線の対立図式はわかりやすいものの、

そうであるがゆえに単純化の弊害を免れません。それでは吉田と重光が対立していたのではなく、ふたりともなぜ対米協調路線だったのでしょうか。戦前昭和の協調外交とは対欧米協調、なかでも対米協調外交のことでした。真珠湾攻撃から敗戦までの時期を例外として、昭和の日本外交の基調は対米協調だったからであり、敗戦後、その対米協調路線が復活したのです。

戦前と変わらない外交方針

しかしながら戦前と戦後の対米協調外交には大きなちがいがありました。戦前は第一次世界大戦の戦勝国同士の協調外交だったのに対して、戦後は第二次世界大戦の戦勝国と敗戦国との協調外交として再出発したからです。

重光が外相として、一九四三（昭和一八）年一一月六日に発表された大東亜共同宣言の原案を作ったことは、よく知られています。互恵的経済発展や人種差別撤廃、資源の開放などを掲げる大東亜共同宣言は、一九四一年八月にアメリカのルーズベルト大統領とイギリスのチャーチル首相が調印した大西洋憲章を意識していました。なぜ重光の大東亜共同宣言は大西洋憲章を意識していたのでしょうか。その理由は敗戦の合理化でした。たとえ日本が負けたとしても、戦争目的が類似していたのであれば、負けても戦争目的を達成したことになるからです。別の言い方をすれば、戦争に負けても、日本は英米と協調することができたのです。

吉田も戦前に実現させたかったことを戦後に実現させようとします。反ドイツ・反イタリアだった吉田は、一九三〇年代に駐英大使として、日英協調を試みています。吉田からすれば、一九三〇年代とその後の日米戦争に至る時期は、日本外交にとって大きな逸脱だったので、戦争に敗れれば、本来の対英米（とくに対米）協調に復帰できることになるのです。

吉田も重光も戦前の日米協調への復帰をめざしたものの、その過程は曲折に満ちています。敗戦国日本が戦勝国アメリカと対等な協調関係を築くのは容易なことではなかったからです。

国家的な独立の回復

吉田が協調への復帰よりもさきに進めたのは、日本の国家的な独立の回復でした。占領されたままでは協調関係どころではなかったからです。対するアメリカは、対日戦争をほとんど単独で戦いました。日本の独立回復にはアメリカの利害関係が直接的な影響を及ぼします。

どのように独立を回復するか、あるいはどのような形で連合国と講和を結ぶか、吉田が回想しているように、日本にとって選択の余地はありませんでした（波多野澄雄編『日本の外交　第2巻』）。講和の方式はアメリカ主導で決まります。講和条約は戦後の日米協調関係の基礎になりました。他方でアメリカの利害関係が優先された結果、大陸中国との国交正常化やソ連・社会主義諸国との講和は、この時には実現しませんでした。対等な日米協調関係は、日本の独立回復後の大きな外交課題として残されたのです。

独立の回復後、一九五四（昭和二九）年末になって、長く続いた吉田政権は終わります。代わりに首相の座に就いたのは鳩山一郎でした。吉田の対米協調路線とは異なり、鳩山は第二次世界大戦後に独立したアジア諸国のなかで、冷戦下、中立志向の国に接近を試みます。対米自主路線の一つの現われでした。この鳩山の方針と重光（葵）外相の方針が対立します。吉田の対米協調路線の継承者である重光は、アメリカの意向に配慮して、反共産主義の日本の立場を強調したからです（波多野編『日本の外交　第2巻』）。

鳩山のつぎに首相になったのは岸信介《きしのぶすけ》です。岸も鳩山と同様に対米自主志向が強く、不平等な日米安全保障条約の是正をめざします。不平等条約の是正に反対する勢力は、野党勢力にも見当たりませんでした。冷戦状況のなかで日本を味方につけておく利害関係上の必要からもアメリカは日米安保条約の改定に応じます。

騒動は国会での批准の際に起きました。前章でも述べたように、国会での強行採決に踏み切った岸の政治手法は、岸の経歴（満州国建国への関与や東条内閣の閣僚）と相まって、戦前への回帰＝戦後民主主義の否定と国民から非難されます。批准は得られたものの、岸は責任をとって退陣しました。

先進国日本のアメリカからの自立

後継の池田《いけだ》勇人《はやと》は、大蔵官僚出身で、吉田のグループに属していました。岸内閣の強権的な政治手法への反省から「寛容と忍耐」をスローガンに掲げます。他方で池田内閣は所得倍増計画を発表します。一九六〇（昭和三五）年から一〇年かけて国民所得を倍増するとの計画は、想定以上の成果を上げて、高度経済成長を軌道に乗せます。

アメリカはこのような日本と経済的な協調関係を強めます。冷戦は新しい段階に入っていました。一九六〇年代の冷戦は、アメリカ型とソ連型とどちらの生活様式がすぐれているかの競争になっていたからです。このような冷戦下の日本は、アメリカ的な生活様式の優等生的な模範国でした。アメリカは新しい冷戦を戦う目的で、日本との経済的な協調関係を重視したのです。

高度経済成長によって日本は先進国の仲間入りをします。首相は池田から佐藤栄作へバトンタッチされます。佐藤も池田と同様に吉田の政治グループの系譜を引く政治家で、官僚（運輸省）出身でした。佐藤外交は対米協調を基軸としながらも、先進国になったことを背景に、アメリカからの自立をめざします。その具体的な課題となったのが沖縄の「核抜き本土並み」返還でした。佐藤は一九七一（昭和四六）年六月にアメリカとの間で沖縄の施政権返還に関する協定の調印に成功します。

他方でこの頃、経済大国になった日本とアメリカとの間で貿易紛争（日米繊維紛争）

が起きます。 対米関係を優先させた佐藤は、日本の業界の反対を押し切って、日本にとって不利となる日米繊維協定を結びました（村井良太『佐藤栄作』）。

対米協調から多国先進国協調へ

一九七〇年代に入ると、日米協調関係は大きく揺らぎます。首相に就任した田中角栄が日中国交正常化を実現したからです。アメリカよりも先に社会主義国の中国との国交正常化に成功した田中は、アメリカの怒りを買って、ロッキード事件によって失脚させられた、「日中国交回復が米国を怒らせた」との指摘があります（孫崎『戦後史の正体』）。

このような解釈は陰謀史観のようで本当かどうか、怪しいところがあります。田中は当初、日中国交正常化に消極的だったものの、福田《ふくだ》赳夫《たけお》との自民党総裁選を争うなかで、ふたりの派閥の領袖（三木武夫と中曽根康弘）が日中国交正常化を条件に田中を支持したとの指摘もあるからです（『日本史の論点』）。

さらに田中首相が辞任したのは、ロッキード事件が発覚する二年前のことでした。田中首相は金権政治批判を受けて辞任したのです。

戦後昭和の外交に対するアメリカのマイナスの影響を論じるのであれば、重要なのは、独立回復後、この時期に至るまで、対アジア外交がアメリカを介して「反共」の東南アジア諸国と間接的な関係を結ぶに止まっていたことの方です。冷戦下の対米協調の外交路線は、第二次世界大戦後、新たに独立した多様な政治体制のアジア諸国を見失わせることになりました。

一九七〇年代に入ると、世界経済は石油危機に見舞われます。それまでの日本経済の成長は安価な石油に依存していました。石油危機は欧米諸国以上に日本にダメージを与えます。欧州先進国を中心に石油危機対策を目的として、第一回・主要先進国首脳会議（サミット）が一九七五（昭和五〇）年一一月にフランスのランブイエで開催されます。この時の日本の立場は、第一次世界大戦後、フランスのパリで開かれた講和会議の時と似ています。あの時の日本は「サイレントパートナー」と揶揄《やゆ》されました。ランブイエ・サミットでもよそ者であるかのようでした。ドイツやフランスなどの各国首脳は、お互いにドイツ語、フランス語、英語で議論しています。日本の首相・閣僚がついていくのは容易ではありませんでした。

その後、日本はがんばります。首脳の補佐役の「シェルパ」（外務官僚）の活躍もあり、日本はサミットで重要な地位を占めていくようになります。一九七〇年代をとおして、日本はサミット外交による経済的な多国間先進国協調の枠組みを支えます。日本外交にとって協調とは対米協調から多国間先進国協調へと広がりました。

他方で見失っていたアジア諸国との外交関係にも光が当たるようになります。一九七六（昭和五一）年八月、フィリピンのマニラで福田赳夫首相が「福田ドクトリン」を発表しました。日本は東南アジア諸国との間で対等な相互信頼関係を築く意思があると国内外に示したのです。さらに一九八〇（昭和五五）年になると、外交地平の拡大は、大平正芳《おおひらまさよし》首相の「環太平洋連帯構想」として具体化します。これらのアジア諸国との「開かれた連帯」の構想は、残念ながら、同時期に始まった米ソの新冷戦の影響を受けて、後景に退きます。

それでも戦後昭和の協調外交は、対米協調に止まることなく、一方では多国間先進国協調、他方ではアジア諸国との「開かれた連帯」として展開する地点にまで到達したのです。

第四章　安全保障政策

軍縮に進む戦前日本

近代の日本は陸軍がソ連（ロシア）、海軍がアメリカをそれぞれ仮想敵国にしていました。昭和になると、これらの仮想敵国との戦争が現実化します。アメリカ、ソ連だけではありません。中国とも戦争をします。戦争はアジア太平洋全域に及びます。戦禍がどれほど酷かったかは多言を要しません。日本は国家的な破局に至りました。なぜ戦前昭和の安全保障政策は失敗したのでしょうか。

他方で敗戦後の昭和の日本は、昭和の末年まで戦争の当事国になることはありませんでした。戦後昭和の安全保障政策は成功だったことになります。この章で概観するのは、戦前と戦後で対照的な結果をもたらした昭和日本の安全保障政策の歴史的な展開です（この章では前章との記述の重複があります。安全保障政策は外交政策と表裏一体です。この章はとくに前の章とのつながりを強く意識しています）。

昭和が始まった時、世界は第一次世界大戦後の軍縮の気運に包まれていました。すでに成立していた海軍主力艦の保有制限条約＝ワシントン条約の締結国である日本も、軍縮を進めます。一九二七（昭和二）年六月には日米英の三国で、補助艦制限を目的とする海軍軍縮会議がスイスのジュネーヴで開催されます。このジュネーヴ海軍軍縮会議において、日本は米英を主導したものの、妥結には至りませんでした。補助艦保有制限の努力は、三年後の一九三〇（昭和五）年にロンドン海軍軍縮条約となって、結実します。この間には一九二八（昭和三）年に不戦条約が成立しています。日本も調印国でした。

このように昭和初期の日本は軍縮による軍事費の削減を進め、「相互間の紛争、紛議は必ず平和的手段により、処理、解決すること」（不戦条約第二条）に努めていたので、アメリカやソ連に対する軍事的な脅威認識のレベルも低下していました。

当てがはずれ見込みちがいもあった現地軍

ところがロンドン海軍軍縮条約締結の翌年、満州事変が勃発します。一九三一（昭和六）年九月の満州事変を起点として、一九四五（昭和二〇）年八月の敗戦までの間、日本は断続的に戦争を続けます。

なぜ満州事変が起きたのでしょうか。海軍軍縮によって仮想敵国アメリカの脅威認識のレベルは低下していました。対するもう一つの仮想敵国ソ連の軍事的な脅威は高まっているかのようでした。

そのような危機意識を持っていたのが満州地域における日本軍＝関東軍でした。関東軍のみるところ、ソ連は一九二八年一一月から始まった五カ年計画を着実に進めていました。このままだと日ソの軍事バランスが崩れてしまいます。関東軍は先手を打つ必要に迫られたのです。関東軍は南満州鉄道とその付属地の守備隊にすぎません。ソ連の軍事的な脅威に対抗する、それには満州を対ソ戦の戦略的な拠点・軍事資源の供給地として確保しなければなりません。それが満州事変でした。

満州事変は拡大して、満州国の建国に至ります。関東軍や関東軍を追認する陸軍中央にとって、この軍事行動は成功だったはずです。ところが実際には当てが外れました。満州事変の首謀者のひとり石原莞爾《いしはらかんじ》は、一九三二（昭和七）年の段階で、「満洲は国防上重要なれども、資源に於《お》いて世人の考うる程豊ならず」と言っています（井上寿一『機密費外交』）。満州の石炭などの鉱物資源は、軍事資源として期待されたほど豊富ではなかったのです。

別の見込みちがいもありました。同じ頃、関東軍司令部ハルビン特務機関長百武晴吉《ひゃくたけはるよし》中佐が満州視察中の真崎甚三郎《まさきじんざぶろう》参謀次長に伝えています。「露の五年計画は稍《やや》誇大に失せざるや」（井上『機密費外交』）。そうだとすれば満州事変は過剰反応だったことになりかねません。事実、一九三一年と翌年のソ連の農業は凶作に見舞われ、農村も都市も飢饉《ききん》に見舞われていました。当時のソ連は、五カ年計画の下で着々と軍事力を強化している状況ではなかったのです。そうだからこそ満州事変の勃発に際して、ソ連は対日宥和《ゆうわ》的な姿勢に出ました。ソ連の方から不侵略条約の可能性の打診があったほどです。

ともかくも満州国が建国されます。中国側は満州国を傀儡《かいらい》国家と非難します。中国側からすれば、日本が条約で認められていたのは旅順・大連の租借地と満鉄およびその付属地です。この範囲を大きく超えて中国の主権が及ぶ満州に傀儡国家を建設するなど論外でした。

これほどまでに自国の安全保障が危機に陥ったのだから、中国は日本と全面的に対立する意思を固めたかといえば、そうではありませんでした。蔣介石《しょうかいせき》の国民政府が期待した国際連盟や欧米諸国は当てにならず、国内では共産党との内戦に備えなければならなかったからです。

対する日本側も満州国の建国によって一段落がつきます。万里の長城を越えて中国本土にまで軍事的な勢力を拡大する意図はありませんでした。

こうして一九三三（昭和八）年五月末に日中間で停戦協定が結ばれます。当面の目標を達成した陸軍は、中国本土に手を伸ばすことなく、満州国の育成を優先させます。

合理性を欠く海軍の判断

騒がしくなったのは海軍の方です。海軍の一部はロンドン海軍軍縮条約に不満でした。対米七割の軍備があれば防衛できる、これが海軍の基本的な立場でした。ところがロンドン海軍軍縮条約は、補助艦の保有比率が対米七割をわずかながらであっても下回る六割九分七厘五毛だったのです。それだけではありません。海軍によれば、ワシントン・ロンドンの二つの軍縮条約が有効期限を迎える頃（一九三六年末）に、対米六割三分八厘になって、日本の国防は危機に瀕することになるというのです。

既存の比率の改定と軍事平等権を主張する海軍の強硬論に押されて、政府は一九三四（昭和九）年一二月にワシントン条約の廃棄を通告します。ロンドン条約の継続をめぐる軍縮会議からも日本は一九三六（昭和一一）年一月に脱退します。

海軍の判断は合理性を欠いていました。日本にとって対米七割を切ったからといって、海軍力の対日優位性を背景に、戦争をする意思がアメリカにあったとは考えられないからです。軍縮条約を継続して太平洋の軍事バランスの保持をぎりぎりのところで成立させる方が重要でした。しかし実際には日米は海軍軍縮無条約時代を迎えることになったのです。

日中戦争をめぐる戦略論の対立

こうして太平洋における安全保障環境が不安定化していきます。他方で中国大陸においても深刻な状況が生まれます。一九三七（昭和一二）年七月七日、北京郊外の盧溝橋《ろこうきょう》で日中両軍の軍事衝突が起きたからです。

盧溝橋事件が事変へと拡大することに反対して早期解決をめざしたのは、満州事変の首謀者のひとり石原（莞爾）参謀本部作戦部長です。対ソ戦の観点から満州事変を引き起こした石原は、同じ立場から不拡大を唱えました。中国大陸で軍事的に消耗してしまえば、対ソ戦に差し支えるからです。

対ソ戦優先では一致していたものの、そうだからこそ中国に一撃を加えるべきだとの強硬論を主張したのは、参謀本部作戦課長の武藤章《むとうあきら》でした。対ソ戦に備えて中国の華北地方をコントロールし易くする、それにはここで中国を軍事的に屈服させて、日本の要求を受け入れさせる、武藤はこのように考えました。

石原と武藤の意見は正面から対立します。戸部良一『逆説の軍隊』によれば、ふたりが交わす激論は作戦部長室の外にまで聞こえるほどだったそうです。

この論争の勝利者となったのは武藤でした。武藤の一撃論は陸軍内の多数派の意見となります。事変は拡大してこの年一二月には首都南京《なんきん》が陥落します。ところが蔣介石の国民政府は屈服しません。さらに戦線は拡大します。

中国戦線に忙殺されるようでは肝心の対ソ戦に備えることができなくなります。和平の可能性を求めて、日本側が期待したのはドイツの仲介です。蔣介石の軍隊はドイツ式でドイツの軍事顧問団の指導を受けていました。対する日本はドイツと防共協定を結んでいました。ここに駐華ドイツ大使トラウトマンの仲介による和平工作が始まります。

ソ連に備えたい日本と内戦に備えたい蔣介石の中国は、どちらも和平を必要としていました。しかしこの和平工作は失敗に終わります。連戦連勝に沸き立つ日本国内の状況のなかで、日本側は和平条件を加重します。対する中国側は負けているとは考えていないので、日本側が示す和平条件に応じません。両国が和平条件の折り合いを見出すことはできなかったのです。

基本戦略の不統一

それでも日本(とくに陸軍)はドイツへの期待を強めます。日独の提携によって、ドイツがヨーロッパ方面でソ連を牽制してくれれば、対ソ軍事バランスの劣勢を補えるからです。ドイツの牽制によって、ソ連の対中国援助が抑制されるという副次的な効果もありました(戸部良一『逆説の軍隊』)。

対独接近は防共協定強化として具体化します。しかし対独接近を主導する陸軍に対して、外務省だけでなく、海軍も反対します。ここに防共協定強化問題が起き、安全保障の基本戦略の不統一が露呈することになりました。

それにもかかわらず、陸軍は一九三九（昭和一四）年五月、満州国とモンゴル人民共和国の国境地点でソ連と軍事衝突を起こします（ノモンハン事件）。この軍事紛争はソ連側の勝利に終わります。ノモンハン事件の敗北を直接のきっかけとして、陸軍の軍事戦略は、北（ソ連）から南（東南アジア）へと方向転換します。この北から南への転換を促進したのが第二次欧州大戦の勃発でした。欧州におけるドイツの電撃戦の成功は、東南アジアの植民地を力の「真空地帯」にする、このような期待を日本に抱かせたからです。陸軍は力の「真空地帯」になったオランダ領東インドやフランス領インドシナに軍事進出して、軍事戦略上の拠点と軍事資源の確保をめざすようになりました（戸部『逆説の軍隊』）。

組織利益の対立が破局をもたらす

日本は日独伊三国同盟を結びます（一九四〇〈昭和一五〉年九月二七日）。その直前、日本軍は北部仏印（フランス領インドシナ）に進駐します。

三国同盟はアメリカの対日態度を硬化させたはずです。第二次欧州大戦の勃発に際して、アメリカのルーズベルト大統領は、いずれイギリスやフランスなどの連合軍に加勢して、独伊と戦争になることを覚悟していました。その独伊と同盟関係になった日本は、アメリカからすれば敵国も同然になったからです。それゆえすでに述べたように、これまで三国同盟が日米戦争への重大な転換点だったと指摘されています。

ところが実際には一九四一（昭和一六）年四月から始まる開戦回避を目的とする日米交渉の日本側当事者は、そう考えなかったのです。彼らは三国同盟によって日本の外交ポジションが向上したと判断しました。その立場を活かして、日米交渉を有利に進めようとしたのです。事実、アメリカ側も譲歩する気配を示すようになりました。

二カ月後、状況は大きく変わります。六月二二日、独ソ戦争が始まります。ドイツは欧州の連合国だけでなく、ソ連とも戦争をすることになって、軍事的な立場が弱くなります。そのドイツと同盟関係にある日本に対して、アメリカは攻勢に出ます。さらに六月二五日に日本は南部仏印進駐を決定します。南部仏印に日本軍の基地が建設されれば、アメリカの植民地フィリピンに直接、空爆などの攻撃が可能になります。アメリカの非妥協的な態度が強くなり、日米交渉は難航します。

近年の研究（牧野邦昭『経済学者たちの日米開戦』）によれば、このままでは「ジリ貧」で、戦わずして屈服する、それよりも「万一の僥倖《ぎょうこう》」に賭けて、アメリカと戦う、そう陸軍は考えるようになりました。海軍も日米の国力差はわかっていたものの、ここへきて尻込みするわけにはいきません。結局のところ海軍は一二月八日に真珠湾を攻撃します。陸軍はそれよりも少し前にシンガポールで戦端を開きます。こうして日本は第二次世界大戦の当事国となりました。

真珠湾攻撃の緒戦の勝利にもかかわらず、戦況はほどなくして悪化します。一九四二（昭和一七）年六月のミッドウェー海戦の敗北によって、日米の攻守が逆転しました。このままずるずると戦争を続けるようでは、敗北は必至です。どこかの天王山で決戦を挑み大打撃を与えて、和平に持ち込む必要がありました。それには陸海軍が戦略を統合しなければなりません。ところが戦略の統合は試みられたものの、実現することなく敗戦を迎えます。陸海軍の組織利益の対立が安全保障政策の統合を妨げ、日本の国家的な破局をもたらしたのです。

日米安保条約と平和憲法の矛盾

アメリカとの死闘は、太平洋の戦域での「玉砕」、東京大空襲、沖縄戦、広島と長崎への原爆投下などの惨禍を経て、日本の無条件降伏に至ります。敗戦後は一転して、独立回復と同時に、最大の敵国だったアメリカと安全保障条約を結びます。この日米安保条約は一九六〇(昭和三五)年の改定後、今日(二〇二〇年)まで六〇年も続いています。

講和条約と同時に結ばれた日米安保条約によって、日本は「独立と対米追随路線がセットでスタート」したとのきびしい評価があります(孫崎享『戦後史の正体』)。

他方で戦後昭和の日本は、戦争放棄を定めた平和憲法を持ちながら、アメリカと安保条約を結び、自衛隊を保有します。この矛盾を解消するには「論理的に考えれば、自衛隊を合憲とみなすのであれば憲法九条の改正は必要ないであろうし、自衛隊を違憲とみなすのであれば憲法九条を改正するか、あるいは自衛隊を廃止するかいずれかの主張を選択するべきであろう」（細谷雄一『安保論争』）ということになります。

ところが実際の戦後昭和の国民は、憲法改正を選ぶことなく日米安保条約を支持しながら、自衛隊を容認しています。なぜ戦後昭和の日本は、独立回復後のすべての期間をとおして、平和憲法と日米安保条約の矛盾を解消することなく、自国の安全保障をアメリカに委ね続けたのでしょうか。以下ではこの問題を考えます。

なぜ不平等な日米安保条約を結んだのか？

独立回復と同時に結ばれた日米安保条約は、たしかに不平等条約でした。アメリカは日本で基地を自由に使用できたのに、日本の安全を保障する義務がなかったからです。

このような日米安保条約＝不平等条約批判に対して、当時の条約局長西村熊雄《にしむらくまお》が反論しています。西村は批判の要点を三つにまとめます。日米安保条約は第一に「国連憲章にいう地域的取決めとして意図され」、第二に「暫定措置」であり、第三に「駐軍協定の色彩がつよい」（西村熊雄『サンフランシスコ平和条約・日米安保条約』）。

西村の論理に基づけば、日本がアメリカと安保条約を結んだのはつぎのような理由からでした。平和憲法を持つ日本は非武装国家です。この非武装国家の安全保障はどうすればいいのでしょうか。西村は国連に守ってもらうことを想定します。本当に国連は日本を守ってくれるのでしょうか。そもそも当時の日本は国連未加盟でした。加盟したのは一九五六（昭和三一）年のことです。付言すると、国連軍（国連常設軍）は、当時も七〇年以上経った今も未だ創設されていません。

それでも当時は国連に守ってもらうことが可能だと考えられていました。なぜならば一九五〇（昭和二五）年に始まった朝鮮戦争をめぐって、アメリカを中心とする国連軍が結成されて、国連未加盟の韓国の側に立って戦ったからです。日本も国連安保に自国の安全保障を委ねると考えても、不思議なことではありませんでした。

しかしながら国連安保には一つ大きな難点がありました。国連軍は常設軍ではなく、日本の安全が脅かされた時、すぐに駆けつけてくれないからです。国連軍の介入までは自力で対応しなければなりません。非武装の日本にそれが可能かというと、方法はほとんど一つだけです。特定の国と安全保障上の取り決めを結んで、その国が日本を守るということです。特定の国とはどこか、これも選択の余地はなく、アメリカ以外にありません。以上のような事情から日米安保条約が結ばれたのです。

日米安保条約は国連安保が機能するまでの「暫定措置」でした。国連常設軍による日本の安全保障が確立すれば、「暫定措置」の日米安保条約は解消されるはずだったのです。「暫定措置」にもかかわらず、一九六〇（昭和三五）年の改定を経て今日まで続いているのは、未だ国連安保が機能していないからです。他国＝アメリカの軍隊の駐留を容認する「駐留協定の色彩が強い」のは、日米安保条約が国連安保の枠組みのなかで結ばれたからでした。

なぜ不平等な日米安保条約を受け入れたのか？

日米安保条約を擁護して止まない西村であっても、この条約の不平等性は認めざるを得ません。とくにアメリカが日本を守るという「確実性」が条文に表現されていないとの批判に対しては、「頭をさげるのみである」と甘んじて受け入れています。

不平等な日米安保条約を受け入れたのには理由があります。この条約はアメリカ主導の講和条約と事実上セットになっていました。国家的な独立の回復を最優先させて講和を急ぐ日本政府にとって、選択の余地はなかったのです。講和が実現すれば、次は日米安保条約の不平等性を是正しなければなりません。しかし日米安保条約の改定は一九六〇（昭和三五）年まで待つことになりました。この年の改定をめぐる日米交渉は円滑におこなわれます。冷戦下、自陣営に引きとめたいアメリカが日本に譲歩したからです。防衛義務の明記によって、不平等性は是正されました。

日本の安全保障を日米安保条約に委ねることに反対の野党勢力であっても、改定自体には反対ではありませんでした。ところが条約の批准をめぐって、空前の規模の反対運動をともなう安保騒動が起きます。質疑応答を省略して強行採決に持ち込んだ岸（信《のぶ》介《すけ》）首相の国会運営が強い反発を招いたことはこれまでの章で述べたとおりです。

沖縄返還をめぐって

一九七〇年が近づくと、再び安保反対運動が起きます。この時の安保反対運動は、アメリカのベトナム戦争反対運動と大学紛争をめぐる学生運動が結びついていました。一九六八（昭和四三）年一月、ベトナム戦争に向かう核兵器搭載可能のアメリカの原子力空母エンタープライズが長崎県の佐世保に寄港しました。その際、寄港阻止に動いた過激派学生と警官隊が衝突します。市民が理解を示したのは過激派学生の方でした。

他方で「核抜き本土並み」の沖縄返還をめざす佐藤（栄作）首相の日本政府とアメリカとの関係がぎくしゃくするようになっていました。先の大戦中、沖縄はアメリカ軍による日本本土進攻の前進基地として占領されました。日本の降伏後も本土が間接統治だったのに対して、沖縄は直接軍政が続きます。このように敗戦の前から沖縄には米軍基地が置かれていたのです（福永文夫『日本占領史』）。アメリカにとって沖縄は東南アジア地域に軍事力を展開する際の重要な拠点であり、ベトナム戦争の激化にともなって、沖縄の軍事基地としての有用性が高まっていました。このような国際情勢のなかで、アメリカの軍事戦略の手を縛りかねない「核抜き本土並み」の沖縄返還は、日米関係に緊張をもたらしたのです。それでも佐藤首相は一九六八（昭和四三）年一月の施政方針演説において、核兵器を「持たず、作らず、持ち込ませず」の非核三原則を掲げます。この三原則を沖縄返還の際にも適用すると、「核抜き本土並み」となります。

翌年一一月一九日から三日間にわたって、沖縄返還をめぐる日米首脳会談がホワイトハウスの大統領執務室でおこなわれます。アメリカ側は返還を容認したものの、「核抜き本土並み」に難色を示します。争点は核兵器を撤去したのちの再持込みをどうするかでした。

ニクソン大統領は佐藤首相を、大統領執務室に隣接する小部屋に美術品の鑑賞を名目として誘い出し、ふたりだけで密約（「秘密合意議事録」）を交わします。「重大な緊急事態に際して米国政府は日本政府との事前協議の上、沖縄に核兵器を再び持込み、通過させる権利が必要となるだろう。米国は好意的な回答を期待する」（服部龍二『佐藤栄作』）。このように事前協議はあるものの、核兵器の再持込みを拒否できないようになっていました。密約の機密性から佐藤はイニシャルだけで済ませるつもりでした。ところがニクソンはフルネームでサインしました。佐藤もそうせざるを得ませんでした。

もともと密約を嫌っていた佐藤は、それでも密約を交わさなければならないのだとすれば、自分ひとりの責任においてそうしようとしました。佐藤はこの密約を「紙切れ」

RYUKYUS
1972
沖縄返還
協定批准記念
5¢
琉球郵便
日本郵便
1972
沖縄復帰記念
20
NIPPON

と呼んだり、「破ったってかまわないんだ」と言ったりしたそうです。この密約の文書は未だにアメリカ側からも出ていません。明らかになったのは二〇〇九年一二月のことです。この時、佐藤の次男・佐藤信二氏が佐藤邸の机の引き出し奥深くに埋もれていたのを発見しました。外務省の有識者会議は、この密約文書が引き継がれなかったことから佐藤内閣限りで失効したと判断しました。この判断に疑問を持つ人もいます。より大きな問題として「沖縄返還に、この密約という代償が本当に必要だったのか」が問われています（石井修『ゼロからわかる核密約』）。

改憲に向かわない「非核専守防衛国家」

一九七〇（昭和四五）年一〇月、防衛白書が創刊されます。そこには「わが国の防衛は専守防衛を本旨とする」と記されていました。この「専守防衛」と非核三原則を合せて、佐藤首相は日本の安全保障政策の基本理念を「非核専守防衛国家」と表現することにしました（村井良太『佐藤栄作』）。

注意すべきは、この「非核専守防衛国家」が憲法改正を前提とすることなく、日米安保条約との両立を自明視していたことです。すでに述べましたように、憲法改正と日米安保条約の相互性をめざした岸（信介）首相は、日米安保条約の改定後、憲法改正に踏み切る決意でした。しかしながら改憲を実現することはできませんでした。後継の池田（勇人《はやと》）首相は、改憲問題を棚上げにして、経済成長による国民統合を進めました。一九六〇年代は世界的な経済成長の時代でした。冷戦は分断の固定化によって安定が訪れました。ベトナム戦争は、朝鮮戦争の時とは異なって、日本の安全保障に危機をもたらすとは認識されませんでした。冷戦下の西側世界でアメリカが経済成長を主導しながら、日本もその恩恵に浴している限り、わざわざ改憲しなければならない理由はなかったのです。

斬新なソフトパワー路線

しかしながら「非核専守防衛国家」は大きな矛盾を抱えていました。非核三原則を唱えながら、日米安保条約に基づいて、日本はアメリカの核の傘に守られていたからです。この矛盾の解消をめざしたのが一九七八（昭和五三）年一二月に首相の座に就く大平正《おおひらまさ》芳《よし》でした。大平首相は非核三原則のうちの「持ち込ませず」を修正することで、矛盾の解消を試みます（服部龍二『大平正芳』）。

他方で首相就任直前に、改憲問題をめぐって「国民的コンセンサスが熟しているとは思えない」と発言して、改憲に消極的でした（福永文夫『大平正芳』）。そのうえで大平は、総合安全保障戦略を打ち出します。同時代の新聞は、日米安保条約を前提としながらも、「政治・経済・文化の総体の力で「日本はいい国だ」と思わせることが外国に侵略する気を起させない」点に大平の総合安全保障戦略の独自性を見出しています（福永『大平正芳』）。

大平首相は九つの政策研究グループを立ち上げます。その一つに猪木正道平和・安全保障研究所理事長を座長とする「総合安全保障研究」グループがありました（福永『大平正芳』）。

この政策研究グループが提言する総合安全保障戦略は斬新で先駆的でした。それというのも二〇〇〇年代になってから議論されるようになった「ソフト・パワー」大国＝日本論を先取りしていたからです。軍事力＝「ハード・パワー」と対比される「ソフト・

パワー」とは、経済発展や民主化の成功モデル、文化などの魅力によって他国に影響を及ぼす力のことを意味します。大平の総合安全保障戦略とは「ソフト・パワー」大国＝日本の安全保障戦略だったのです。

戦後、長く続いた日米安保一本槍の安保戦略から脱却する大平の新しい安全保障戦略構想は、残念ながら大平の急逝によって日の目を見ることなく終わります。

新冷戦下の日本の安全保障政策

再び新しい安全保障戦略が注目を浴びるようになるのは、中曽根（康弘）政権の時です。中曽根は憲法改正を掲げて国会議員に初当選しました。ところが一九八二（昭和五七）年に首相に就任した際には、改憲を政治日程に載せないと言明します。なぜ長年の主張の実現をめざさなかったのでしょうか。当時の自民党の衆議院議席率は五六・二パーセント、参議院でも五四・六パーセントで、改憲の発議に必要な両院での三分の二の賛成を得る見込みがなかったからです（服部龍二『中曽根康弘』）。改憲をしたくてもできない、そのような国内政治状況でした。

他方でソ連のアフガニスタン侵攻を直接のきっかけとして、米ソ新冷戦が始まります。中曽根首相はアメリカのレーガン大統領との間で互いにファーストネームで呼び合う「ロン・ヤス」関係を演出しながら、日米安保関係の強化を図ります。それだけでなく首相就任後、最初の外国訪問先として韓国を選び、東南アジアを歴訪し、中国も訪れます。このような多角的外交の展開に基づく新しい安保戦略が具体化する前に、中曽根首相は退任します。新しい安保戦略が実を結ぶ前に、昭和時代は終わりました。

戦後昭和の日本は平和憲法を前提として、国連安保に自国の安全保障を委ねようとしました。しかし国連安保は未だ十分に機能していません。当時もそうです。そこで「暫定措置」として日米安保条約が結ばれました。国連安保が機能しない限り、日米安保は続きます。国連安保が機能するように外交努力を傾けるのか、憲法改正によって自主防衛を選択するのか、戦後昭和の大きな争点は次の時代へ持ち越されました。

第五章　格差の拡大から縮小へ

格差拡大社会＝日本

ネットスラングの「上級国民」「下級国民」が広く知られるようになった直接のきっかけは、二〇一九年に東京の池袋で起きた交通事故です。過失の重大性（母子の死亡）にもかかわらず、加害者の高齢のドライバーが逮捕されることなく特別扱いを受けているのは、加害者が元エリート国家官僚の「上級国民」だからだ、そのような非難が社会に広まりました。

国民を「上級」と「下級」に分けているのは、格差があることを意識しているからにちがいありません。格差の背景には経済の長期停滞があります。二〇一九年は日本銀行にとって物価上昇率二パーセントが実現する年でした。ところが実際には前年の段階で諦めるに等しい決定をしています。超低金利と金融緩和にもかかわらず、景気回復を実感することはできないままです。

所得格差を表すジニ係数で比較すると、日本はＯＥＣＤ（経済協力開発機構）加盟国の平均よりも大きい（所得格差が大きい）ことがわかります。別の言い方をすれば、日本は他の先進国と比較して経済的な不平等国家なのです。

北欧諸国はジニ係数が小さいことに示されているように、経済的な平等国家です。これらの国々が平等国家なのは、税金や社会保障をとおして、国家が富の再配分をしているからです。

対する日本は国家の機能を民間に移すことに努めてきました。たとえば郵政民営化がそうです。経済は市場（マーケット）が決めるとの立場から、経済の自由化が進められました。その結果は格差の縮小よりも拡大でした。

戦前昭和も今と同様に格差拡大社会でした。ところが戦後昭和は格差縮小社会に転じます。昭和時代の前半と後半で正反対なのはなぜでしょうか。以下ではなぜ戦前昭和において拡大した格差は、戦後になって縮小に向かったのかを戦前と戦後の連続と断絶の両面から考えます。

大戦景気と昭和恐慌のギャップ

昭和が始まった時の日本経済はどのような状況だったのでしょうか。たとえば中学の歴史教科書（『新編　新しい社会　歴史』）は、昭和が始まる前の状況をつぎのように記述しています。「第一次世界大戦によって、日本経済は好況になりました（大戦景気）。連合国やその植民地、アメリカへの工業製品の輸出が大幅に増える一方、大戦で欧米からの輸入が止まったことから、重化学工業を中心に新たな産業がおこり、工業国としての基礎が築かれました」。

大戦景気と成金のイメージは鮮明です。何度となく引用される風刺漫画があります。料亭で店の女性が「暗くてお靴が分らないわ」と言うと、「成金」の男性が百円札に火をつけて「どうだ明くなつたらう」と応えます。この風刺漫画が示すように、日本経済は大戦景気に沸いていました。

つぎにこの教科書が経済を扱う際のテーマは、昭和恐慌です。「アメリカから始まった世界恐慌は、一九三〇年に入って日本にもおよび、昭和恐慌と呼ばれる深刻な不況が発生しました」。前半の「大戦景気」と後半の「昭和恐慌」のギャップが大きく、このギャップを埋める記述はつぎのようになっています。「第一次世界大戦後の日本の経済は、慢性的な不況に悩まされていました。関東大震災は経済に大きな打撃をあたえ、その後の混乱などから一九二七年には金融恐慌が起こり、多くの銀行が休業に追いこまれました」。

この記述からわかるように、昭和が始まった頃の状況は昭和恐慌の前史としてイメージされます。金融恐慌から昭和恐慌へ連続していたとするならば、戦前昭和の日本経済の歴史は暗黒の歴史です。以下では別の角度から昭和が始まる頃の日本経済の状況を素描します。

失言から始まった金融恐慌

第一次大戦後の反動不況をきっかけに、昭和時代が始まった頃、長期の経済停滞だったことはまちがいありません。他方で日本経済史の知見によれば、国際比較の視点に立つと、日本経済の成長率は高く、経済の変動も続いていました（橋本寿朗『現代日本経済史』）。この間、賃金も少しずつ上昇しています。物価も第一次世界大戦前の二倍前後です（岡崎哲二『工業化の軌跡』）。

経済は進展していました。それにもかかわらず、不況のイメージが強いのは、断続的に金融危機が発生したからだ、そう指摘されています（橋本『現代日本経済史』）。この観点からすると、一九二七（昭和二）年の金融恐慌は、昭和恐慌につながった側面よりも、短時日のうちに収束したことの方に注目する必要がありそうです。

金融恐慌の直接のきっかけとなったのは、この年三月一四日の衆議院予算委員会における片岡（直温《なおはる》）大蔵大臣の失言です。片岡蔵相はこの日の正午頃に渡辺銀行が破綻したと発言しました。実際にはこの日の渡辺銀行は午後四時頃まで通常どおり営業しています。「片岡失言」の影響は重大でした。銀行が破綻して支払いを停止するとなれば、預貯金が引き出せなくなるかもしれません。取り付け騒ぎが起きます。渡辺銀行だけでなくいくつかの銀行も休業に追い込まれました。

この銀行取り付け騒ぎは収束に向かったものの、中小の銀行にとどまらず、台湾銀行も経営破綻の危機に見舞われます。台湾の経済開発を目的とする植民地銀行＝台湾銀行の経営に問題はなかったはずです。ところが台湾銀行は鈴木商店に不良貸し付けをおこなっていました。鈴木商店とは、大戦中に急成長を遂げた新興の総合商社のことです。大戦後の反動不況のなかで経営が悪化した鈴木商店に対して、台湾銀行は貸出総額の約半分を注ぎ込んでいたのです。このような台湾銀行と鈴木商店の関係が明るみに出ます。不安を感じた債権者が台湾銀行に殺到する騒ぎになります（中村隆英『昭和史（上）』）。台湾銀行も休業に追い込まれ、その結果、鈴木商店が倒産します。さらに四四の銀行が休業します。ここに憲政会の若槻《わかつき》（礼次郎）内閣は責任をとって総辞職します。

期待に応える高橋（是清）蔵相

代わりに首相の座に就いたのは、政友会の田中義一総裁でした。田中首相は大蔵大臣に高橋是清《たかはしこれきよ》を起用します。日本銀行総裁などを歴任した高橋は、この時までに何度か蔵相を務め、首相にもなりました。高橋の手腕に期待が高まります。

高橋が最初に打った手は、四月二二日と二三日の全国の銀行の休業でした。二四日が日曜日だったので、実質的には三日間の休業です。高橋によれば、それだけでも「人心を冷静に帰らしむる余裕を与へ、不安気分が大いに減じ」ました（高橋是清『随想録』）。

つぎに三週間の大口預金支払い延期令を出します。三週間後の銀行の預金払い出しに備えて、日本銀行は大急ぎで大量の紙幣を刷ります。二百円札のなかには片面が白紙のものもありました（橋本『現代日本経済史』）。

さらに臨時議会を召集して、台湾銀行の救済を目的とする台湾の金融機関に対する資金融通に関する法律を成立させます。

高橋はこれら三つの非常手段を「疾風迅雷的に」断行します（高橋『随想録』）。結果は大成功でした。高橋は六月二日に潔く蔵相を退きます。

「下級国民」の選択

このように金融危機は鎮静化できました。しかし格差の拡大は続きます。格差拡大の問題を原理的に解決する方法の一つは社会主義革命でした。同時代における社会主義思想は平等社会の思想でもあったのです。

そこへ一九二八（昭和三）年三月一五日、日本共産党に対する治安維持法の適用によって、全国で約一六〇〇人が検挙される三・一五事件が起きました。

ここで疑問が湧きます。政友会の田中内閣があらかじめ共産党の党員や関係者を拘束しておかなければならないほど、多くの人々は社会主義革命による格差是正を求めていたのでしょうか。そんなことはありません。前月二月二〇日の男子・普通選挙による衆議院総選挙の結果がそのことを示唆しています。

この総選挙から新たに有権者となった約一〇〇〇万人は、今の言葉で表現すれば「下級国民」に当たります。彼らは社会民衆党や労働農民党などの無産政党よりも「上級国民」の政党である政友会と民政党に投票しました。政友会二一七議席、民政党二一六議席、無産政党八議席でした。「下級国民」は二大政党に格差の是正を期待したのです。

政友会と民政党の方もこのような「下級国民」の期待に応えるべく、第一回・男子普選での支持獲得をめざして、格差是正の政策を競い合います。たとえば政友会の田中義一総裁は、前年の四月一六日の政友会臨時大会の演説で、社会政策の実施や地方分権、農村の振興、労使関係の適正化を唱えています（井上寿一『政友会と民政党』）。これらの政策は、資本家と労働者、地主と小作農民、中央と地方の格差の是正が目的でした。

対する民政党も第一回・男子普選の直前に発表した「七大政策」のなかで、「労務者生活の向上」を目的とする「各種社会政策」の実行、「労資関係の合理化」、農漁山村の振興、小作問題の解決促進などを掲げます（井上『政友会と民政党』）。

再び危機から日本を救う高橋是清

ところがこれらの格差是正政策の実現よりも先に、一九二九（昭和四）年に起きた世界恐慌が翌年には昭和恐慌となって日本にも波及します。ここに国家による富の再配分による格差是正を目的とする社会政策の実行よりも、経済危機を克服して富を増やす方が優先されるようになるのです。

日本の経済危機は高橋是清の再起を促します。すでに八〇歳近くの高齢になっていながら、高橋は政友会の犬養《いぬかい》（毅）内閣の蔵相に就任します。犬養内閣は組閣後、直ちに金輸出再禁止を決定します。金と円とが交換できなくなれば、円安になります。円安になれば、輸出が急伸します。つぎに高橋は赤字公債を財源とする積極財政を展開します。高橋の政策によって昭和恐慌は収束に向かいます。一九三五（昭和一〇）年に日本経済は戦前昭和における頂点に達します。高橋の恐慌克服政策によって、日本は主要国のなかでいち早く世界恐慌から脱却できました。

高橋の積極財政は「バターも大砲も」、民需も軍需も満たしたと評価されることがあります。しかしいつまでも多額の赤字公債による膨張予算を続けることはできません。財政規律の回復を目的として、積極財政は抑制されます。格差を是正する社会政策の実施の裏づけとなる予算の確保がままならなくなります。結局のところ高橋財政下でも格差は是正されませんでした。

日中戦争下の経済格差の是正

このような状況が大きく変わる直接のきっかけとなったのは、一九三七（昭和一二）年七月の日中戦争の勃発でした。当初の軍事衝突は全面戦争へ拡大していきます。日中全面戦争は国内に戦争景気をもたらします。軍需産業を中心に人手不足が起きます。事実上の完全雇用が達成されて、労働者の賃金も上昇します。資本家と労働者の格差は、それまでと比較して、是正に向かいます。

戦争の拡大は食糧増産を求めるようになります。一九三八（昭和一三）年に農地調整法が成立します。この戦時農地立法の目的は、自作農創設の強化や小作農の賃借権の強化でした。翌年には小作料統制令によって、政府は小作料の引き上げを禁止します。さらに「生産奨励金」を払うようにもなります。小作農は小作地を購入し、自作農になりやすくなりました。食糧増産を進めるには、農民の増産意欲を刺激するインセンティヴが必要だったのです。こうして戦争前の地主と農民との間の相対的な格差は、戦時下において縮小に向かうかにみえました。

しかしながら日中戦争の長期化によって、格差の是正は行き詰まります。戦争景気にともなう賃金上昇は、戦時下のハイパーインフレで帳消しになります。それだけではありません。農村では働き手が戦場に兵士となって赴くことによって、耕作できなくなります。戦況の悪化とともに耕作放棄地が増えていきました。

焼跡の闇市

戦時下での格差是正は等しく貧しくなることを意味していました。戦争の力学に格差の是正を期待しても、戦争に負けてしまえばそれまでです。

野坂昭如《のさかあきゆき》の短編小説の一つに「火垂《ほた》るの墓」があります。直木賞受賞作であり、アニメ映画化、実写映画化、テレビドラマ化などによってよく知られています。作家の半自伝的なこの作品は、一九四五（昭和二〇）年六月の神戸大空襲で親も家も失った幼い兄妹が必死で生き抜こうとしながら、悲しい結末を迎える物語です。

栄養失調で衰弱死する妹のあとに兄も駅の構内で野垂れ死にします。ここではふたりが亡くなったのは、戦時下ではなく、敗戦後だったことに注目します。平和が回復されたのに、なぜ亡くなることになったのでしょうか。

ふたりが亡くなったのは、食糧危機が深刻だったからです。米や麦は手に入りにくく、代用食料として野草までが食卓に上がるほどでした。都市から地方へ買い出しを目的として満員列車が向かいます。わずかな米と高価な和服が物々交換されました（井上寿一『終戦後史』）。

他方で敗戦後の混乱状況はチャンスをもたらします。食糧危機下、機能しなくなった配給制度の間隙を縫うかのように、焼け跡に闇市が現われます。人々は配給では手に入らない食料や生活必需品を法外な値段でも闇市で買うほかありませんでした。

やきとり
ぞうすい
うどん

橋本健二『はじまりの戦後日本』には闇市のチャンスを活かした人の事例が載っています。東京大空襲で家を失った綱島信吉は、軍服姿で軍用トラックに乗り、千葉の農家で米とサツマイモを調達します。サツマイモは干し芋にして駅前で売り、山で見つけた米軍のパラシュートを釣り糸に加工して売りさばきます。上野の露店にも店を出し、曲折を経ながらも、四年後には株式会社にまでなりました。闇市を経て資本家になった例です。

この本が指摘しているように、闇市での闇取引は、一時しのぎの活動だったけれど、「ここから出発して都市商業の担い手となっていった人々も、また多かった」のです。

占領権力による〈上〉からの改革

敗戦後の混乱状況を利して資本家に成り上がった人が増えても、それだけでは格差は縮小に向かいません。戦後昭和における格差の縮小は、外からの力が必要でした。外からの力とは占領権力のことです。対日占領政策の基本は、日本の無害化=非軍事化でした。二度と戦争をできないようにする。それには日本の民主化が不可欠でした。戦前昭和の日本は軍国主義だったから侵略戦争をおこなった、そう考える占領権力の側は、日本を民主化することで、無害化＝非軍事化しようとしたのです。

戦後民主改革の一つに労働改革があります。戦前昭和の労働者は自力で組合結成権・団体交渉権・争議権の労働三権を獲得することができませんでした。これらの労働三権は、労働改革をとおして、労働者に与えられることになりました。労働者と資本家の格差は、戦後の労働改革によって、是正に向かったのです。

併せて財閥解体も進みます。財閥解体は労働者と資本家の間だけでなく、資本家内での格差を是正します。財閥による資本の独占状況に新興の資本家が参入するようになったからです。このことは戦後昭和の経済発展の基礎的な条件になりました。

もう一つの戦後改革、農地改革も同様の効果がありました。一九四六（昭和二一）年一〇月二一日に自作農創設特別措置法と改正農地調整法が公布されます。その結果、解放された農地は小作地面積の約八〇パーセントに及びました。小作地率の急落の一方、自作農や自小作農が急増します。農民は生産意欲を刺激されます。農業生産力と農民の生活水準がどちらも上昇します。こうして地主に対する農民の立場の逆転にともなって、格差も縮小に向かいます。

付言すると、これらの戦後改革は戦前、とくに戦時下に前提条件が形成されていました。戦時下、軍需生産・食糧増産を目的として、労働者の賃金上昇や待遇改善、農民の小作料減免がおこなわれていたからです。

終身雇用と年功賃金の誕生

労働三権を手にした労働者側は、独立回復後の数年間を中心に、資本・経営者側に闘いを挑みます。一九五二（昭和二七）年の電産（日本電機産業労働組合）争議、炭労（日本炭鉱労働組合）争議、翌年の全自動車労働組合争議などが起きます。企業側に対して企業の枠を超えた産業別組合が賃金交渉をおこなったのです。結果は炭労争議以外、組合側の敗北に終わりました（荒川章二『全集　日本の歴史　第16巻』）。

一九五〇年代前半の大規模な労働争議は、資本・経営者側が勝利したものの、戦後昭和の新しい経営方針を生み出すきっかけになります。この新しい日本的経営は、終身雇用と年功賃金を特徴としています。年功賃金は経営側に都合のいいシステムでした。若い労働者は能力にかかわりなく、賃金が安かったからです。企業は若い労働者を大量に採用して、賃金コストを削減できます。年功賃金が労働者（とくに若い労働者）にとって不利なのは明らかでした。そこで企業側は終身雇用を持ち出します。終身雇用と年功賃金がセットになった時、経営側も雇われる側もこのシステムを受け入れたのです。終身雇用と年功賃金は戦後昭和の基本的な労使関係になりました（荒川『全集　日本の歴史　第16巻』）。

農村生活の現実

農民の方はどうだったのでしょうか。農地改革によって、土地と所得の配分は地主と農民との間で平等化されました（吉川洋『高度成長』）。それでも農村では貧しさが続きます。吉川『高度成長』が描写するところによれば、一九五〇（昭和二五）年頃の農村はつぎのような状況でした。農機具は鋤《すき》と鍬《くわ》、リヤカーです。牛耕がおこなわれています。自分たちの履く草鞋《わらじ》や干し柿、味噌を自作し、そば打ち、餅つき、繕い仕事があるなど、戦前と同様です。自給自足のような生活が当時の農村の生活だったのです。

たとえ農耕地を手にしても、貧しいままでは農村からの人口の流出が避けられなくなります。一九五五（昭和三〇）年からの一〇年間で、東北・九州の青年男性の五割、女性の四割前後が大都市に流出しています（荒川『全集　日本の歴史　第16巻』）。

高度経済成長の光と影

この年（一九五五〈昭和三〇〉年）は、日本経済史研究の通説的な理解によれば、高度経済成長の起点となった年です。この年から約二〇年間、日本経済は毎年約一〇パーセントの成長を続けます。高度経済成長によって、賃金格差（企業規模間や男女間）が縮小に向かいます。一九六〇年代後半から米価が毎年のように引き上げられ、兼業化の進展もあり、農家と被雇用者間の格差も縮小していきます。このような賃金格差の縮小は労働力不足によってもたらされたとされます（橋本健二『「格差」の戦後史』）。

なぜこのような高度経済成長が可能になったのでしょうか。高度経済成長は、つぎのようなステップを踏んで可能になりました。まず設備投資と技術革新が生産性の向上を実現します。つぎに賃金が上昇します。こうして国内需要主導による経済成長が可能になりました（吉川『高度成長』）。

国内需要を代表したのが家庭電化製品です。洗濯機・冷蔵庫・テレビは「三種の神器」と呼ばれました。なかでも洗濯機は「生活革命」をもたらします。それまでの洗濯は、洗濯板に布地を押しつけてこすりながら洗って、腕の力で絞っていました。このような作業に毎日、三、四時間もかけていたのです。洗濯機はこの重労働を一手に引き受けてくれました。洗濯機が洗濯する様子に「手を合わせて拝みたくなった」人もいました（吉川『高度成長』）。

高度経済成長には光の部分だけでなく、影の部分もありました。急速な重化学工業化は公害をもたらし、人々を苦しませます。モータリゼーションの大波を受け止めることのできるほど道路の整備が進まず、交通事故も多発します。上下水道などの生活基盤の整備は不十分でした。映画「三丁目の夕日」の昭和三〇年代の頃に小学生だった私にとって、今よりも当時の方がよかったとは思えません。

さらに高度経済成長下、賃金格差は縮小に向かったものの、別の格差が存在していました。それは山の手の「上級国民」と下町の「下級国民」との間のような「お互いの姿が目にみえる格差」のことでした（橋本『「格差」の戦後史』）。

国民の希望としてのオリンピックと万博

一九六〇年代の高度経済成長をとおして、国民のなかに「一億総中流」意識が形成されます。当時の日本国民約一億人が皆、自分は中流の社会階層であると答えるような社会が生まれたのです。

もちろん「一億総中流」意識の形成は、完全平等社会の実現を意味しません。さまざまな格差が存在していたからです。それでも人々は、昨日よりも今日、今日よりも明日、生活がよくなっていくと実感していました。賃金が上昇していたので、今年は洗濯機、来年は冷蔵庫、再来年はテレビ、さらに数年先は自動車さえ手に入るかもしれない、そのような希望を持つことができたのです。

将来への希望を後押ししたのが二つの国家的なイベントです。敗戦後二〇年も経たないうちに、東京オリンピックが開催されました。一九六四（昭和三九）年のことです。日本はアメリカ、ソ連についで三位でした（金メダル一六個・銀メダル五個・銅メダル八個)。日本は敗戦国ではなく、一等国の仲間入りを果たしたのです。

もう一つは一九七〇(昭和四五)年開催の大阪万博です。世界の七七カ国が参加したこの国際博覧会は、すでに世界第二位の経済大国になっていた日本の自信の現われでした。「人類の進歩と調和」をテーマに掲げる大阪万博の会場には、動く歩道やリニアモーターカー、電気自動車、テレビ電話などがありました。当時、中学二年生だった私も大阪万博で目にしたのは、そのような明るい未来社会でした。

再び格差拡大へ

経済は成長し続けて、生活もさらによくなる、そのような希望は、ほどなくして打ち砕かれます。直接のきっかけは一九七三(昭和四八)年の「オイル・ショック」でした。原油価格が一バレル=二・六ドル(一九七三年一月)から一一・七ドル(翌年一月)へ急騰します。この年(一九七四〈昭和四九〉年)日本は戦後初めて経済成長率がマイナスになりました。

石油がなくなる、そうとなれば日本の商社やメーカーは、価格が上昇しても買い漁ります。便乗値上げも起きます。「狂乱物価」と呼ばれるほど物価が急騰します。スーパーマーケットなどではトイレット・ペーパーや洗剤を求める買い物客が殺到してパニック状態に陥りました（武田晴人『高度成長』）。この石油危機を経て、戦後昭和の高度経済成長は終わりを告げます。

高度経済成長が終わったのは石油危機が原因だったからでしょうか。経済史の専門家はちがう考えです。すでに一九六〇年代末には「三種の神器」が普及していました。農村から都市への人口移動も急減速していました。設備投資は一九七〇年を頂点として下向きになります（吉川『高度成長』）。石油危機よりも前に、日本経済は高度経済成長の前提条件が失われようとしていたのです。

高度経済成長が終わると、労働需要の減少にともなって、失業も増えます。大企業と中小企業の賃金格差が拡大します。一九七八（昭和五三）年の一般労働者の有効求人倍率は〇・五二倍の低水準でした。代わりに非正規雇用者が増えていきます（橋本『「格差」の戦後史』）。

そこへバブル経済が発生します。一九八五年九月、ニューヨークのプラザ・ホテルで先進五カ国蔵相・中央銀行総裁会議が開かれます。ここでドル高修正を目的とする為替市場への協調介入をおこなうことが合意されます（プラザ合意）。プラザ合意前一ドル＝二四〇円が翌年には一二五円へと円の価値が二倍になります。円高不況が訪れて、金融機関は借り手を失います。「金あまり現象」のなかで投資先を失った資金は、不動産と株式に向かいます。その結果として生まれたバブル経済で日本は活況を呈します（中村政則『戦後史』）。

昭和が終わろうとするとき、日本経済はバブルの賑わいでした。他方で一九八〇年代から格差の再拡大が始まりました。この傾向は平成時代を経て、今も続いています。

第六章　絶え間なく起きる昭和の社会運動

さまざまな社会運動が起きていた

今、世界ではさまざまな社会運動が起きています。たとえば中国の香港では逃亡犯条例の改正案問題を直接のきっかけとして、二〇一八年から現在（二〇二〇年）まで、民主化を求める運動が続いています。香港では二〇一四年にも同様の雨傘運動が起きています。

フランスでも同じ年（二〇一八年）にマクロン政権の経済政策や社会保障政策に反対する社会運動として、黄色いベスト運動が起きて、今も断続的に続いています。

対する日本はどうでしょうか。二〇一五年に結成されたシールズ（「自由と民主主義のための学生緊急運動」）がデモ活動などをおこないました。しかしこの学生団体は翌年には解散します。平成時代全体をとおしてみても、日本では大きな社会運動は起きていません。

対する昭和時代はちがいます。とくに戦前昭和は二〇年の間につぎつぎと社会運動が起きています。〈下〉からのデモ活動だけではありません。〈上〉からの国家が国民を主導する社会運動もありました。あるいは社会変革を求める軍部や民間の国家主義者などの政治勢力がテロやクーデタの直接行動に訴えることもありました。戦後になっても〈下〉からだけでなく〈上〉からの社会運動が展開されます。

これらの社会運動はなぜ起きたのでしょうか。社会にどのような結果をもたらしたのでしょうか。今日の日本で社会運動が散発的にしか起きないことと関係があるのでしょうか。以下では昭和の社会運動史をふりかえりながら、これらの問題を考えます。

大衆は社会主義運動に何を求めたのか？

昭和が始まる頃、もっとも盛んだった社会運動の一つが社会主義運動です。日本が労働者と農民の国家になれば、格差はなくなる、そのような社会主義革命による平等社会の実現が同時代の人々を魅了したのです。

社会運動としての社会主義運動の展開は多彩でした。当時すでに日本共産党は非合法化されていました。それにもかかわらず、事実上、共産党が左翼労働運動を指導して、資本家側から労働者の部分的な地位向上の獲得に成果を上げていました。

社会主義運動はプロレタリア芸術運動としても展開します。流行していたのは、プロレタリア文学だけではありません。プロレタリア演劇も帝国劇場などの東京の一流の大劇場に進出していました。

論壇では日本の資本主義の発達段階をどう評価するのか、社会主義革命の時期はいつかなどをめぐって、マルクス主義経済学者たちが論争を展開していました。社会主義論壇は知的流行の最先端だったのです（井上寿一『戦前昭和の国家構想』）。

社会主義運動がめざしたのは、一九二八（昭和三）年二月の第一回・男子普通選挙でした。新たな有権者の大半は労働者と農民です。共産党は無産政党の名を借りて、総選挙に臨みます。第二章で確認したように、この衆議院総選挙では無産政党諸派は八議席に止まりました。労働者と農民の多くは政友会と民政党に投票したようです。

なぜこのような結果に終わったのでしょうか。内務省警保局の調査資料によれば、ある労働者が共産党のスローガンに対して、つぎのように言っています。「ナル程よい政策である。然《しか》しまだそれは実現される政策ではない」。それよりも賃金が上がればよい。資本家が全額負担する失業保険は無理だとしても、解雇手当はほしい。あるいは健康保険が改正されればそれで満足である（井上『戦前昭和の国家構想』）。ここに示唆されているように、労働者と農民が求めていたのは社会主義革命ではありませんでした。自分たちの地位が漸進的に向上して、格差も是正に向かうのであれば、その限りにおいて社会主義運動の有用性を認めていたのです。

総選挙の翌三月一五日と四月一六日に特別高等警察（特高）による共産党員の大量検挙がおこなわれて、共産党は壊滅的な打撃を受けます。伊藤隆『日本の内と外』は、総選挙前の共産党の「革命近し」を「幻想」と退ける一方で、「取締り当局のほうも、その勢力をかなり過大評価していたと言えるかもしれない」とバランスのとれた指摘をしています。

人々に支持された五・一五事件

第一回・男子普選で愛知四区から立候補した碧海郡《へきかいぐん》の農業改良家の山崎延吉がこの地

区でトップ当選を果たします。肖像写真の山崎は、白いあごひげをたくわえた精悍《せいかん》なまなざしで、老師の風貌です。山崎は米や繭、卵、果物、野菜などの近代農業化によって、碧海郡が「日本のデンマーク」と呼ばれるようになるまでに実績を上げていました。

残念なことに、農業改良運動を国政に活《い》かすチャンスだったにもかかわらず、現実の政党政治の壁に直面した山崎は、議会政治に対する「焦燥と無力感」を募らせて、次の総選挙には立候補しませんでした（岡田洋司『農本主義者山崎延吉』）。

農業改良家は茨城県にもいました。愛郷塾を拠点として、農本主義思想に基づく農村更生運動を展開していた橘孝三郎です。橘は次第に農村更生運動の限界に直面するようになりました。橘は資本主義の変革によって農村を救済する目的で、直接行動に出ようとします。昭和恐慌下の農村の惨状は、橘をテロとクーデタの非合法・直接行動に走らせます。橘たちは帝都東京のブラックアウトを計画します。物質文明の都会のせいで農村が疲弊していることを知らしめるには、不夜城を誇る帝都を二、三時間、暗黒にするのが効果的だと考えたのです（井上『戦前昭和の国家構想』）。

愛郷塾のグループは手榴弾《しゆりゆうだん》をいくつかの変電所に投げ込みます。しかし変電所の被害は電気を止めるほどではありませんでした。帝都東京は不夜城のままでした。

橘たちの民間グループは、海軍青年将校や陸軍士官学校生徒らの軍部グループと連携していました。軍部グループの方は官邸で犬養《いぬかい》（毅）首相を射殺します。そのほかに内大臣邸や政友会本部、三菱銀行なども襲撃したものの、損傷は軽微でした。これらの一連の事件は五・一五事件と呼ばれています。首謀者のひとり三上卓《みかみたく》海軍中尉の「日本国民に檄《げき》す」は、政党や軍部、官僚、財界の腐敗を非難しています。以上のように事件の過程をたどると、五・一五事件はクーデタ事件だったようにみえます。

しかし実際は異なります。クーデタ計画は具体的でなく、蹶起《けっき》行動も杜撰《ずさん》さが目立ち、規模も小さかったことから、今日の研究では五・一五事件は「集団テロ」に止まるとの見方が有力です（筒井清忠編『昭和史講義2』）。

五・一五事件の報道が解禁になるのは翌年のことです。新聞報道の論調は首謀者たちに同情的でした。ある新聞の小見出しの一部はつぎのように報じています。「皇室中心主義の一種の無産運動　濁世への警鐘」（筒井清忠『戦前日本のポピュリズム』）。

このような同情の背景には昭和恐慌下の農村の困窮がありました。首謀者たちは農村の救済に立ち上がり、直接行動に訴えたと理解されて、国民の同情と支持を得ることができたのです。国民の同情と支持は被告たちに対する大規模な減刑運動に結びつきます。軍部は減刑運動を政治利用します。政党や財界、官僚は腐敗・堕落しているのに対して、昭和恐慌下の日本を憂える純粋な軍人は手が汚れていない、このような空気が社会に広がります。

こうして五・一五事件後、軍人の社会的な地位が向上します。軍部は政党よりも国民の支持を得るようになったのです。軍人が社会を改革する、このことは今日の価値基準からすればわかりにくいでしょう。対する同時代においては軍人による社会改革に期待が高まるようになっていたのです。

人々に支持されなかった二・二六事件

四年後、今度は本格的なテロとクーデタ事件が起きます。一九三六(昭和一一)年の二・二六事件です。この年の二月二六日、陸軍の将校・下士官・兵約一五〇〇人が反乱を起こして、日本の政治・軍事の中枢部を軍事力によって占拠します。他方で斎藤

（実《まこと》）内大臣、高橋（是清《これきよ》）蔵相、渡辺（錠太郎《じょうたろう》）教育総監を殺害して、鈴木（貫太郎）侍従長に重傷を負わせます。

二・二六事件がテロ事件に止まらなかったのは、具体的なクーデタ計画があったからです。彼らは真《ま》崎甚三郎《さきじんざぶろう》陸軍大将を首班とする暫定内閣を作ろうとしました。真崎暫定内閣によって実現をめざしたのは「昭和維新」です。彼らは国家主義運動の指導者＝北《きた》一輝《いっき》の「昭和維新」の理想に共感して、クーデタを実行したのです。

二・二六事件は発生から三日後の二月二九日に鎮圧されます。なぜ具体的な計画をともなったクーデタでありながら、目的を達することなく短時日のうちに終わったのでしょうか。三つの理由があります。

第一は天皇の強い意志です。事件発生の翌日と翌々日の『昭和天皇実録』は、「御自ら暴徒鎮定に当たる御意志」が示されたと記しています。信頼する老臣（斎藤と高橋）を失った天皇は、このクーデタ事件を許すことができませんでした。

第二は陸軍の動向です。陸軍はクーデタの鎮圧をとおして、政治的地位を向上させます。その背景にあったのは、陸軍の派閥対立です。反乱軍に同情する側とそうでない側の対立は、同情しない側の勝利に終わりました。

第三は国民の不支持です。軍部に対する国民の同情は、五・一五事件の時と様変わりしていました。一九三五（昭和一〇）年から翌年にかけて、日本経済は危機を克服して、戦前昭和における好景気を謳歌《おうか》していました。政治変革よりも生活の安定を求める国民が二・二六事件を支持することはなかったのです。

五・一五事件後のような減刑運動が起きることもありませんでした。首謀者たちは（直接には関与していなかった北一輝も含めて）、極刑に処せられました。こうして二・二六事件は収束したのです。

〈上〉からの国民精神総動員運動とは？

「革命」をめざす社会主義・共産主義運動と「昭和維新」をめざす国家主義・超国家主義運動は、正反対でありながら、共通点がありました。どちらの社会運動も反政府運動だったことです。

「革命」も「昭和維新」も幻となったあとに生まれた社会運動は、政府が主導する官製国民運動でした。その一つが日中戦争下の国民精神総動員運動です。国民精神総動員運動とは、国民を日中戦争に動員することを目的として、近衛《このえ》（文麿《ふみまろ》）内閣が始めた官製の社会運動を指します。

君が代を歌い日の丸の旗を掲げ、皇居の方角に向かって遥拝する。朝はラジオ体操から始まり、昼は武道で体を鍛える。学生・生徒は勤労奉仕に汗を流し、女性は割烹着《かっぽうぎ》やモンペ姿で銃後の守りを固める。このような社会運動が政府主導の下で展開されたのです（井上寿一『理想だらけの戦時下日本』）。

結果はどうだったでしょうか。この官製国民運動は振るいませんでした。「精神的美辞麗句」では国民を惹《ひ》きつけることができなかったからです。戦時下といえども緊張を強いるだけでは無理でした。上意下達の社会運動は「実践から遊離した天降りの掛声」にすぎなかったのです（井上『理想だらけの戦時下日本』）。

新体制運動も挫折する

国民精神総動員運動が行き詰まったことを受けて、今度は新体制運動が始まります。

政党はつぎつぎと解党して、近衛内閣の新体制運動に参加します。新体制運動は一九四〇（昭和一五）年一〇月一二日に大政翼賛会の成立をもたらします。

新体制運動を推進する側は、一国一党体制をめざしていました。一国一党体制の実現には憲法改正が不可避です。しかし近衛首相は改憲をためらいました。大政翼賛会成立からわずか三カ月後、政府は大政翼賛会の政治性を否定します。一九四一（昭和一六）年四月、大政翼賛会は改組されて、上意下達の機関にすぎなくなります。新体制運動は挫折しました。

以上のように戦前昭和におけるすべての社会運動が国家体制の変革に挫折したあと、日本は対米開戦をとおして、第二次世界大戦に参戦したのです。

社会主義運動の再起動

敗戦後、日本の社会運動は再起動します。最初は社会主義・共産主義運動でした。占領軍は一九四五（昭和二〇）年一〇月四日に、日本の無害化＝民主化を目的として、「自由の指令」を発します。この指令によって、治安維持法と特別高等警察が廃止されます。戦前昭和において非合法化されていた共産党が合法化されます。獄中の共産党員が釈放されます。この年の一二月に再建された日本共産党は、占領軍を解放軍と位置づけました。実際のところ、獄中の共産党員を釈放したのは占領軍だったからです。

他方で日本共産党は、モスクワに本部があるコミンテルン（共産主義インターナショナル、一九四七年からはコミンフォルム）の影響を受けていました。

占領軍に守られながらコミンテルンの指示によって、「天皇制打倒、人民共和国樹立」を実現する、共産党がこのように誤認したのは、対日連合軍としての米ソの協調関係が前提となっていたからです。

国際政治の急変動は、このような楽観論を許しませんでした。第二次大戦では連合国だった米ソが今度は冷戦を始めたからです。

一九五〇（昭和二五）年一月、コミンフォルムは日本共産党を批判します。「アメリカ占領下でも人民が権力を獲得できる」とする日本共産党の見解は誤りだというのです（伊藤『日本の内と外』）。このコミンフォルム批判を受けて、共産党は分裂します。コミンフォルムの指令によって、翌年、共産党は今日の共産党が「極左冒険主義」と批判する軍事方針を決定します（伊藤『日本の内と外』）。共産党は農村部での山村工作隊の非公然活動や都市部での火炎瓶闘争を始めます。

この方針が重大な誤りだったことは、衆議院総選挙の結果が示しています。一九四九（昭和二四）年の衆議院総選挙における共産党の獲得議席数が三五だったのに対して、一九五二（昭和二七）年の総選挙では一議席も獲得できませんでした。国民は戦争に手が汚れていない共産党の伸長による民主化を求めながらも、社会主義革命を望んではいなかったのです。こうして革命をめざす社会運動は再び挫折しました。

女性の署名活動から始まった原水爆禁止運動

次に起きた社会運動は、反核・平和運動＝原水爆禁止運動です。直接のきっかけは一九五四（昭和二九）年三月一日の第五福竜丸事件でした。この日、南太平洋ビキニ環礁でマグロ漁船第五福竜丸がアメリカの水爆実験によって被災しました。「死の灰」（放射性降下物）を浴びた乗組員一名が死亡します。

この事件によって原水爆禁止の国民世論が高まります。杉並区の女性の署名活動から原水禁運動へと拡大していきます。発端は杉並区ではなく世田谷区梅ヶ丘との説もあります。梅ヶ丘の女性たちは個別訪問をして署名を頼みました。保守政党の議員であれ、街の顔役であれ、人を選ぶことなく話し込むと「反響は上々で、ほとんどすべての人がよろこんで署名に応じ、何千かの署名を集めることができた」ようです。この署名は国連に提出され、新聞も報道しました。その後、杉並区の女性たちも署名運動を始めたようです（石堂清倫『わが異端の昭和史〈下〉』）。

二つの原爆投下から一〇年も経たないうちに、唯一の被爆国日本で再び犠牲者が出たことの衝撃は大きく、政治的な立場のちがいを超えて、原水禁運動が広がりました。

他方で原水禁運動の広がりにもかかわらず、世界では核兵器保有国が増えていきます。また米ソ両国を中心として、核兵器の保有量も増えていきます。なぜ日本の原水禁運動＝反核・平和運動は無力だったのでしょうか。

第一に「唯一の被爆国」としてのメッセージが世界に届きにくかったからです。なぜ原爆を投下されたのか、日本が戦争を始めたからだ、そう考える人たちがいました。アメリカでは原爆投下によって、日本の犠牲も減らしたとの見方がありました。原爆投下がなければ、日本は戦争を続けて日米双方の犠牲を拡大したにちがいないと信じる人たちが多数いたのです。

第二に政治的な立場のちがいを超えて始まったものの、その後、政治の力学の影響を受けるようになったからです。保守政党はアメリカの核保有に反対しなくなりました。革新勢力内でも、社会党はすべての国の核保有に反対でした。対する共産党は社会主義国の核保有を容認しました。共産党にとって社会主義国の核保有は、資本主義国に対する自衛手段だったからです。

第三に核兵器に反対しながら、核エネルギーの平和利用（原子力発電所など）には賛成する反核・平和運動は、原理的な矛盾を抱えていたからです。

こうして一九五〇年代に高揚した原水禁運動は退潮して、一九六〇年代から高度経済成長を支える原発が増えていきました。

安保反対運動はなぜ大規模化したのか？

一九六〇（昭和三五）年になると、思いがけず空前の規模で社会運動が展開されます。

安保反対運動です。

第四章ですでに述べたように、講和条約と同時に結ばれた日米安保条約は不平等条約でした。日本が基地を提供するのにアメリカは日本防衛の義務を負わないからです。この不平等性の是正に取り組んだのが岸（信介《のぶすけ》）首相でした。

改定安保条約の締結前後の日本国内での議論の不活発さはよく知られています。たとえば古川隆久『昭和史』が引用する『朝日新聞』の世論調査によれば、改定賛成二九パーセント、反対二六パーセント、わからない四〇パーセントでした。

状況が一変するのは、改定安保条約の批准をめぐる国会審議の時です。「安保反対、岸を倒せ」のデモが国会に押し寄せます。六月一五日には全国で約五八〇万人がデモに参加しました（中村政則『戦後史』）。

なぜ大規模な抗議運動が起きたのでしょうか。日米安保条約の是非が争点だったとすれば、これほどの反対運動は起きなかったでしょう。安保条約の改定には賛成の立場からの参加者もいたからこそ反対運動は大きくなったのです。争点は岸首相の国会審議の手法でした。審議を省略して強行採決に持ち込んだ手法が反民主主義として批判された

のです。安保反対運動は戦後民主主義擁護の社会運動になったことで、空前の規模に達しました。岸首相が東条《とうじょう》（英機《ひでき》）内閣の閣僚だったことや戦犯容疑で逮捕されたこと、こうした経歴も国民を反対運動に駆り立てた要因でした。

結局のところ、岸首相は批准を得たものの、混乱の責任をとって辞任します。「安保反対」はとおりませんでした。しかし「岸を倒せ」は実現しました。ここに安保反対運動は急速にしぼんでいきます。国民の関心も政治から経済へ向かっていきました。

戦後もあった〈上〉からの運動

戦後の社会運動は、社会主義・共産主義運動も原水爆禁止運動も反安保運動も〈下〉から起きています。対する戦前（戦時中）は、〈下〉からだけでなく、〈上〉（国家・政府）からの社会運動もありました。このような〈上〉からの運動は、戦後にはなかったのでしょうか。教科書に記載されることもなく、今では忘れられているものの、戦後も〈上〉からの社会運動がありました。そのような〈上〉からの社会運動とは、一九五五（昭和三〇）年から翌年にかけて、鳩山（一郎）内閣が始めた新生活運動のことです。

新生活運動はつぎのような目標を掲げます。国旗国歌の尊重、一日一善運動、新国民歌の作成、青少年不良防止、正月の門松やクリスマス・ツリーの自粛、官公庁のムダ排除などです。この社会運動の背景には格差是正の意図がありました（井上寿一『終戦後史』）。

これらの具体的な目標からすぐわかるように、新生活運動は日中戦争下の国民精神総動員運動の戦後版でした。新生活運動を推進する側は、精動運動の失敗の経験が生々しく残っていました。何しろ精動運動の失敗から一〇年ちょっとしか経っていなかったのです。推進する側の文部省の担当者が新聞紙上で危惧しています。「ここでの大きな心配は、この運動が教育性を持ち、精神的要素を持てば持つほど、戦時中の国民精神総動員運動のように官製化されはせぬかの点である」（井上『終戦後史』）。

案の定、不安は的中します。翌年、年末を控えて、運動を推進する側は年末年始の宴会自粛、虚礼廃止、クリスマスの「バカ騒ぎ」自粛などを決めます。ところが実際は、このような自粛が守られることはなかったのです。新聞の報じるところによると、デパートはクリスマス・プレゼントと歳暮品が「飛ぶような売れ行き」でした。なぜ「飛ぶような売れ行き」だったかといえば、高度経済成長が始まっていたからです。好景気に沸く国民が新生活運動に格差是正を期待することはありませんでした。鳩山内閣の退陣とともに、新生活運動は雲散霧消しました。

最後の大規模な社会運動

高度経済成長が頂点に達しようとしていた時、あとから振り返れば戦後昭和における最後の大規模な社会運動だったことになる学生反乱が起きます。学生反乱は一九六八（昭和四三）年に日本だけでなく、フランスやアメリカでも同時に起きています。

学生反乱はなぜ起きたのでしょうか。この疑問を考える際のもっとも有力な手がかりとなるのは、二〇〇〇頁に及ぶ大著の小熊英二『1968　上下』です。

この本によると、学生反乱は以下の過程を経て起きました。短期間での高度経済成長は社会に大きな断層を生じさせます。その亀裂から空虚感や閉塞感などの「現代的不幸」が飛び出てきます。学生反乱とは、この「現代的不幸」に直面した若者たちの社会変革を求める運動だったのです。

学生反乱は大学改革を求める社会運動として出発しています。要求の実現に向けてバリケードを築いても、そのなかのコミューンは明るく解放的で、規律とモラルが確立していました。その後、次第に学生たちの要求は実現困難なものへとエスカレートします。運動は孤立して党派間の主導権争いに明け暮れ、「一般学生」や市民との連帯が失われていきます。

社会からの支持を失った学生反乱の末路は悲惨でした。一九七一（昭和四六）年一二月末から翌年にかけて、連合赤軍事件（リンチ殺人事件、人質事件）が起きます。戦前・戦後の社会変革を求める運動が国民の多数の支持を失った時のように、学生反乱も内ゲバによって自滅したのです。

のちに一九七五（昭和五〇）年になって、荒井由実の作詞・作曲の「『いちご白書』をもう一度」が大ヒットします。アメリカのコロンビア大学での学生反乱を主題とする映画「いちご白書」と日本の学生反乱を重ね合わせた歌です。歌詞の一節に「就職が決まって髪を切ってきた時」とあります。今なら髪を切ってから就職活動をするのではないかと突っ込みを入れられそうです。しかし当時はこの歌詞の一節に現実味がありました。高度経済成長のピークで、就職状況は大学生の売り手市場だったからです。理科系の学部・大学院では研究室単位で何人ほしいというような求人があったそうです。こうして若者が社会を変える最後のチャンスが失われました。

国民が本当に求めていたのは何か?

一九三〇年代のナチズム運動がヒトラー政権を生んだのは、一九二〇年代のワイマール共和国下の急進的な民主化があったからだと指摘されています。このことを昭和の日本に当てはめるとつぎのように解釈することが可能になります。

〈革命〉をめざす社会主義・共産主義運動が弱かったから、〈昭和維新〉をめざす国家主義・超国家主義運動も目的を達することができませんでした。官製国民運動が国民の支持を得られなかったのも同様です。

〈革命〉をめざす社会運動が弱かったのは、国家権力による弾圧だけでなく、国民から遊離していたからでした。戦前も戦後も昭和の国民は漸進的な民主化を求めていたのです。漸進的な民主化は、デモによる直接民主主義よりも政党政治をとおしてでなければ実現の方向を見出すことができません。社会運動は政党政治との連携によって、民主化を進める必要があります。悲惨な末路をたどった学生反乱のあと、昭和の日本において社会運動が再生しなかったのは、政党政治の側にも問題があったからなのです。

第七章　文化が大衆のものになる

昭和のはじめにデパートの出店ラッシュ

昭和時代の文化の大きな特徴は、大衆文化が花開いたことです。なぜ大衆文化が花開いたのか、その背景には民主化と経済発展がありました。昭和が始まると男子・普通選挙が実施されます。政治参加の底辺の拡大にともなって、大衆が登場します。他方で明治維新の出発点において後発国だった日本は、戦前昭和の経済の重化学工業化をきっかけとして、非西欧世界のなかで、いち早く近代化に成功します。戦後昭和には世界第二位の経済大国にまで上り詰めます。

このような民主化と経済発展は、消費社会のなかで、大衆と文化を結びつけます。昭和時代の文化は大衆消費社会の文化だったのです。

昭和の始まりの頃に大衆消費社会の時代が訪れたことは、デパートの出店ラッシュに現われています。大正末年から昭和初年にかけて、松坂屋や松屋が銀座に新店舗を構えるようになり、髙島屋も三越の本店がある日本橋に出店予定でした。髙島屋は大阪・長堀店で「なんでも一〇銭均一売場」を設けて、評判を呼びました。デパートは大衆でも手の届く商品を並べるようになったのです（井上寿一『戦前昭和の社会』）。

デパートには高額の商品もありました。その一つが銀座の松坂屋に展示されていたアメリカ製の電気冷蔵庫です。価格は今の貨幣価値に換算すれば数百万円でしょう。高価な電気冷蔵庫は無理でも、電球とランプ（乾電池の懐中電灯）や三大電気製品（アイロン・扇風機・コタツ）は次第に大衆にも手が届くようになっていきました（井上『戦前昭和の社会』）。

これらの家庭電化製品は社会の経済格差を是正して、豊かな社会に向かう希望を大衆に抱かせました。この傾向は戦後昭和に至るまで続きます。戦前の三大電気製品は、戦後になると第五章で述べたように、「三種の神器」（洗濯機・冷蔵庫・テレビ）に代わることになります。

高嶺の花だったラジオ

戦後昭和における三大電気製品と比べれば、戦前昭和においてさらに高嶺の花だった羨望の電気製品がありました。それはラジオです。ラジオ放送が始まったのは、一九二五（大正一四）年でした。この年度のラジオの普及率はわずか二・一パーセントにすぎません（井上『戦前昭和の社会』）。

ラジオが普及するきっかけの一つは、一九三一（昭和六）年に松下電器がラジオを発売したことです。松下製は他社製品よりも割高ではあったものの、「故障のおこらないラジオ」でした（井上『戦前昭和の社会』）。

この年はラジオが普及するもう一つのきっかけが生まれました。それは満州事変の勃発です。ラジオは満州事変熱を煽《あお》りました。ラジオの聴取者はラジオ放送に別の情報も求めていました。それは安否確認情報でした。

一九三七（昭和一二）年七月に日中戦争が起きると、ラジオの普及は加速します。政府はラジオをとおして戦意高揚を図ります。ところが実際は、政府の意図どおりにはなりませんでした。この年度の聴取状況調査によりますと、聴取率七五パーセント以上の番組は、浪花節、歌謡曲、講談、落語、漫才、ラジオドラマでした（井上『戦前昭和の

社会』）。要するにラジオは、日中戦争が始まっても、これらの大衆文化の普及に役立っていたのです。

どんな映画が流行したのか？

大衆文化を象徴するもう一つのものは、映画でした。当時はどのような映画が流行《はや》っていたのでしょうか。映画雑誌の『キネマ旬報』（一九二七〈昭和二〉年三月号）が読者投票による前年度のランキングを発表しています。邦画の第一位「足にさわった女」、第二位「日輪」、第三位「陸の人魚」、題名だけでは何の映画かさっぱりわかりません。洋画になるとちがいます。第一位は「黄金狂時代」です。チャップリンの作品であることはいうまでもないでしょう。それほど今と同様に、洋画はアメリカのハリウッド映画が全盛だったのです（井上『戦前昭和の社会』）。ここに示されるように、戦前昭和の大衆文化は映画をとおしてアメリカの影響を強く受けていました。

日中戦争下、中国を舞台にした大ヒット日本映画がありました。その映画とは、一九四〇（昭和一五）年に上映された長谷川一夫・李香蘭《りこうらん》（山口淑子《よしこ》）主演の「支那の夜」

です。李香蘭は当時、名前が示すように中国人の女優・歌手として日本で一世を風靡《ふうび》していました。ところが李香蘭は、中国語が堪能な日本人（山口淑子）だったのです。インターネットで「李香蘭」と検索してみてください。画像や当時の動画からわかるように、美貌の女優・歌手です。山口淑子は中国人として芸能界にデビューしたのです。

この映画「支那の夜」の筋立ては、上海の路上で、日本軍を恨み日本人を嫌う粗末な身なりの中国娘として登場する李香蘭が日本人船員の長谷川一夫と出会って恋仲になり、ハッピーエンドを迎える、そんな物語になっています。山口淑子はのちにこの「支那の夜」を「通俗的なメロドラマ」「日本の大陸政策を宣伝するためのプロパガンダ」と批判しています（山口淑子・藤原作弥『李香蘭　私の半生』）。

しかし当時の李香蘭は二〇歳前後で、演じるだけで精一杯だったと推測します。さらに彼女には内面の葛藤がありました。李香蘭は日本人だけでなく、中国人からも中国人と思われていました。なぜ自分が中国人から嫌われる日本映画に出演するのか、李香蘭は苦しみました。主観的には日中親善を望みながらも、客観的には日中対立を煽る、李香蘭の葛藤と苦しみは、この映画を観ていた日本人の誰一人として知らなかったのではないでしょうか。

「支那の夜」よりも三年前に、同じ中国大陸を舞台にする映画で大ヒットした作品があります。それはパール・バック原作のアメリカ映画「大地」でした。近代中国の始まりの頃、過酷な運命を逞《たくま》しく生き抜く中国の農民の讃歌「大地」は、日本でもっとも大きな劇場の一つ帝国劇場で上映され、連日、超満員でした。中国と戦争をする一方で、日本人は中国の農民に感情移入をしていたのです（井上寿一『日中戦争』）。

映画「大地」は日本人が中国を再認識する機会になったはずです。しかし実際にはその機会を十分に活《い》かすことはできず、戦争を正当化する「支那の夜」のメロドラマに流されていきました。

日中文化交流の萌芽

他方で日中戦争は長期化していました。長期化の原因＝中国の「抗日」を招いたのは、日本の文化工作が不十分だからである、そのような反省が日本側に生まれるようになります。文化工作として具体的に検討されたのは、たとえば以下に要約して引用するような事項です。日本は中国の初等中等教育における「実業教育」を援助する。なぜならば「文化を進展せしむるには先《ま》づ衣食を与へる必要」があるからである。あるいは日中両国の中等教育において相互に中国語と日本語を「必須科目」とする。また中国語を第一外国語とする大学を日本の東京に設立する。研究機関も整備する。春季には日本から秋季には中国からそれぞれ文化使節団を派遣して相互理解に努める。日中両国の民間文化団体の連携を深める（大東文化協会東亜文教国策委員会事務局編『日支文化提携　東亜文化振興協議会速記録』）。

併せて日中戦争の戦争目的が再定義されます。この戦争を戦いながら、「東亜の諸国民が文化的な交流や協力」を進めれば、新しい文化を創造できるというのです（井上寿一『日中戦争』）。

中国大陸で戦う兵士たちのなかには、「文化戦士」を自任するようになる人たちもいました。しかし彼らは、「文化戦士」の役割に忠実であろうとすればするほど、戦場の過酷で凄惨な現実とのギャップに苦しむようになります。帰還兵となって内地に戻ると、戦場と内地とのギャップにも悩まされるようになります（井上『日中戦争』）。内地は戦争景気に沸いていて、新しい文化の創造どころではなかったからです。

失われた中国再認識の機会

内地では一九四一（昭和一六）年二月一一日の紀元節に一大騒動「日劇七回り半事件」が起きました。この日、紀元節（建国記念日）を記念して、東京・丸の内の日本劇場で李香蘭の歌謡ショーが開催されます。チケットを求める人々が殺到して、その数は日劇を七回り半するほどでした。日劇の収容定員三〇〇〇人に対して約一〇万人が押し寄せたとされます。当日は大混乱を招きました。戦時下の人びとは明るく楽しい娯楽を求めていたのです。

この事件に関連して注目すべきは、「日満親善　歌の使節　李香蘭」と宣伝されたことです（山口・藤原『李香蘭』）。李香蘭は北京から来日したのに、「日満支（支那＝中国）親善」ではなく、「日満親善」なのです。さらに翌年、李香蘭は「野心的なセミ・ドキュメンタリー」映画「黄河」に出演します。「暗く貧しい農民の姿や苦しい戦闘が描かれていた」この映画は、日本版の「大地」だったようです。しかしこの傑作が公開されることはありませんでした。日本では「大陸ブーム」が去っていたからです（山口・藤原『李香蘭』）。こうして文化をとおして中国を再認識する機会は失われました。

流行歌は禁止、ジャズは容認

他方でこの「日劇七回り半事件」が象徴しているように、戦時下であっても娯楽を求める大衆の文化状況が続いていました。このような大衆文化状況の画期となったのは、日中戦争が始まった年の歌謡曲「あゝそれなのに」の大ヒットです。芸者出身の歌手の美《み》ち奴《やっこ》が歌うこの曲の一節はつぎのようになっています。「空にゃ今日も／アドバルーン／さぞかし会社で／今頃は／おいそがしいと思うたに／あゝ／それなのに／それなのに」。恋い焦がれる人が今この時に、どうしているのかを想って切なくなる、そんな歌詞の曲です。

ところがこの流行歌は放送禁止になります。美ち奴の歌い方がなやましく、性的刺激を強める歌だったからです（金子龍司「「民意」による検閲」『日本歴史』七九四号）。

前年の一九三六（昭和一一）年には渡辺はま子の「忘れちゃいやヨ」が大ヒットして

います。「こんな／気持でいるわたし／ねえ／忘れちゃいやヨ／忘れないでネ」の一節を含むこの歌謡曲は、「あ、それなのに」に先駆けて、同様の理由からレコードが発売禁止になります。それにもかかわらず、この流行歌は歌い継がれます。戦時下、出征兵士を送る会で、最初は軍歌の合唱から始まりながら、「忘れちゃいやヨ」で終わることがあったのです（金子「「民意」による検閲」、井上寿一『論点別　昭和史』）。「忘れちゃいやヨ」の歌詞に託して、出征兵士に内地の家族や友人・知人のことを忘れないようにと願うことは、庶民の素朴な本当の気持ちだったにちがいありません。

検閲当局は、このような「兎角不健康であり且つ比較的長時間を要する純邦楽」と比較すれば、「現時局下簡易なる慰楽の一つとして」容認したのがジャズ音楽でした。「軽快にして陽気」な「勇壮感を有する」ジャズは、「日常の心身の疲労を最も簡単に慰めて呉《く》れる」というのです。それだけではありません。ジャズは「日本の音楽文化建設の為《ため》の参考品」だと肯定的に評価されています。この見解が示されたのは、一九四一（昭和一六）年七月のことでした（『現代史資料41』）。

文化の政治利用

国家は文化の政治利用をためらいません。当時の日本もそうでした。一九三六（昭和一一）年一一月二五日に日独防共協定が結ばれます。この協定締結の二周年記念に合わせて、今度は日独文化協定が結ばれます。「防共」のイデオロギー協定から軍事同盟への格上げ促進を目的として、文化が動員されます。

翌年になるとベルリンで日本古美術展が開催されます。日本のメディアは開会式当日の模様を「曾《か》つては画家を志したヒ〔ヒトラー〕総統の鑑識眼の素晴しさに参列の人は等しく驚嘆した」と伝えています（井上『戦前昭和の社会』）。

あたりさわりのないようにみえる文化協定であっても、いざ結ばれると問題が起きます。ドイツ側はユダヤ人排斥を求めるようになります。具体的にはユダヤ人の外国語教員の解雇です。対する日本側は建前であっても人種問題などないとの立場でした。

文化協定の締結にもかかわらず、日独の認識のギャップは埋まりませんでした。日独は文化をめぐる戦争で共同戦線を形成することができなかったのです（清水雅大『文化の枢軸』）。

一九四〇（昭和一五）年九月に日独伊三国同盟が結ばれます。この同盟が三国の同床異夢だったことはよく知られています。その背景にあったのは、日独文化協定が問題を喚起したように、枢軸国を強く結びつける共通の理念の不在でした。

さらに日本はジャズ音楽の発祥の国＝アメリカとの戦争に踏み切ります。日米開戦後の日本国内では日本古来とされる文化が強調されるようになります。

しかし戦時下の多くの人々にとって、抽象的な日本文化に関心を持つことはむずかしかったのではないでしょうか。戦意高揚の観点からも政府は娯楽の統制を緩和せざるを得なくなります（金子龍司「太平洋戦争末期の娯楽政策」『史学雑誌』第一二五編一二号）。統制緩和の効果はほとんどありませんでした。日本は敗戦を迎えます。

渇望される活字文化

敗戦後、文化はその重要性が高まります。戦前昭和の帝国日本から文化国家日本へと国家目標が大きく転換したからです。作家の司馬遼太郎は当時を振り返ってつぎのように述べています。「戦後の文化国家気分のなかには、学問や学者への期待が過剰なほどにありましたね」（『岩波書店と文藝春秋』）。

ここに示されている「過剰なほど」の「学問や学者への期待」は、敗戦の翌年に岩波書店が創刊した雑誌『世界』（一九四六〈昭和二一〉年五月号）掲載の丸山眞男「超国家主義の論理と心理」の反響に現われています。日本政治思想史の研究者で東京大学助教授だった丸山の回想によれば、この論考は「自分ながら呆《あき》れるほど広い反響を呼んだ。それは恐らく当時の緊張した精神的雰囲気や読者のいわば積極的な精神的姿勢と関連している」のでした（『岩波書店と文藝春秋』）。

飛ぶように売れたのは、『世界』だけではありません。敗戦から二年後に岩波書店は『西田幾多郎全集』を刊行します。難解な哲学をめぐる思索の書を求めて、多数の購入希望者が岩波書店の前に徹夜の行列を作りました。行列は一五〇〇人に及んだとのことですから驚きます（『岩波書店と文藝春秋』）。

インテリ向けの雑誌『世界』が売れたのですから、大衆向けの雑誌『文藝春秋』も戦後に復刊されると返品なしで売れました。雑誌は出しさえすれば売れる時代だったのです（『岩波書店と文藝春秋』）。

要するに戦後昭和の文化国家日本を主導したのは、活字文化でした。活字文化の隆盛は戦前・戦時中との強い連続性があります。一九四一（昭和一六）年四月の内務省警保局の「最近に於《お》ける出版界の動向」によれば、「出版界の好況は、独り出版界のみに止まらず雑誌界も同様のやうで、最近は殆《ほと》んど返品なく、増刷したくも用紙がない」状況でした（『現代史資料41』）。物不足で用紙が足りず、本を出したくても出せない状況は、敗戦後も同じでした。

アメリカ文化の影響

敗戦後、日本は占領されます。占領下の日本の大衆文化はアメリカの影響を受けます。占領権力の大半はアメリカ軍だったからです。

戦後の大衆音楽を席巻《せっけん》したのはジャズでした。その先導役を果たしたのは、歌手の笠《かさ》置《ぎ》シヅ子です。一九四七（昭和二二）年発表（翌年レコード発売）の「東京ブギウギ」を大ヒットさせた笠置は、「ブギの女王」と呼ばれるようになりました。

笠置は戦前からジャズ歌手でした。戦後、時流に便乗して有名になったのではありません。戦時中の笠置はつらい思いをしていました。ジャズを歌うことは許されていたものの、直立不動でマイクの前に立たなければならず、踊ることも禁じられていました（井上寿一『終戦後史』）。敗戦と占領は笠置に不遇時代の終わりを告げます。戦後ジャズ音楽が盛んになったのは、戦前から大衆がジャズ音楽を求めていたからなのです。

映画は対日占領文化政策の影響を大きく受けます。「封建的」「軍事的」テーマは排除され、「民主化」が奨励されました。占領下の「平和な、明るい、楽しい」日本映画の多くは、凡庸な内容の作品でした。映画製作者側からすれば、検閲当局が戦前・戦時中の情報局や内務省から戦後の民間情報局に代わっただけにすぎません（井上『終戦後史』）。本当の戦後の日本映画の登場は、独立回復を待たなければならなかったのです。

占領当局から奨励されるまでもなく、敗戦国民が飛びついたのはアメリカの大衆消費文化でした。そのひとつが炭酸飲料のコーラです。コカ・コーラとペプシコーラは、ホットドッグとともに、一九四九（昭和二四）年の後楽園球場における日米野球の際に、試験販売がおこなわれました。バヤリースのオレンジジュースが発売されたのもこの年です（井上『終戦後史』）。コーラやホットドッグと野球は、戦後日本における大衆文化のアメリカ化の大きなきっかけになったのです。

戦後日本映画の復興

占領が終わり独立を回復すると、日本映画の復興も進みます。一九五〇年代は不朽の名作がつぎつぎと生まれています。たとえば一九五三（昭和二八）年には小津安二郎の「東京物語」、また同年の溝口健二「雨月物語」と翌年の「山椒大夫」が国際的な賞を受賞しています。一九五四（昭和二九）年は黒澤明「七人の侍」が大ヒットした年でもありました。

一九五四年にはもう一つの重要な作品が生まれています。東宝の特撮映画「ゴジラ」です。この年の三月に第五福竜丸事件（南太平洋のビキニ環礁でマグロ漁船第五福竜丸がアメリカの水爆実験によって被災した事件）が起きています。二つの原爆投下から一〇年も経たずに今度は水爆によって被爆したのです。「ゴジラ」は第五福竜丸事件の衝撃が冷めやらないなか、この年の一一月に封切られました。よく知られるように、怪獣ゴジラはアメリカ軍の暗喩です。ゴジラに襲われ逃げ惑う人々の様子は、空襲を思い起こさせました。映画「ゴジラ」は反米を仮託されていたのかもしれません。

活字文化からテレビ文化へ

文学においても似たような状況が生まれます。石原慎太郎の「太陽の季節」が一九五六（昭和三一）年に芥川賞を受賞します。この前後、のちにノーベル文学賞を受賞する大江健三郎も活躍するようになります。一九五八（昭和三三）年の大江の作品に「人間の羊」があります。外国兵（おそらく米兵）からバスのなかで辱めを受ける主人公の情念は、読み手に反米ナショナリズムの感情を芽生えさせたかもしれません。

石原と大江はこの年に「若い日本の会」を結成します。戦後の新しい世代の小説家や音楽家たちのグループは、のちの日米安保条約反対運動に加わります。一九五〇年代の文化をめぐる政治状況は、対米自立志向の形成を促したのです。

しかしこのような一九五〇年代の文化状況が長く続くことはありませんでした。状況を大きく変化させる直接のきっかけとなったのは、テレビの登場です。テレビ放送が始まったのは、一九五三（昭和二八）年です。テレビが急速に普及するようになったのは、一九五九（昭和三四）年四月に皇太子御成婚の「世紀の祭典」があったからでした。人々はこの「世紀の祭典」のテレビ中継を見ようとして、競うようにテレビを買ったのです（吉川洋『高度成長』）。

人々はテレビのプロレスや野球の実況中継に熱狂しました。ほかにもアメリカのテレビ番組が放送されていました。コメディドラマの「ルーシー・ショー」や「奥様は魔女」を見た戦後昭和の人びとは、驚きと同時にあこがれを抱いたにちがいありません。どちらのドラマでも自宅の広大なリビングルームには二階に通じる螺旋階段があり、設定上の中流家庭は、同時代の日本人にとってセレブや富豪の大邸宅のようだったからです。テレビをとおして国民の感情は、反米から親米へと転換したと推測していいのではないでしょうか。

テレビの娯楽番組に夢中になっている大衆を「一億総白痴化」と呼んで批判したのは、評論家の大宅《おおや》壮一《そういち》だといわれています。たしかに大宅は一九五七（昭和三二）年一月二一日の『東京新聞』の夕刊コラムで「国民白痴化運動」とけなしています。他方で大宅よりも数カ月早く「総白痴」と「総」を入れて強調したのは、作家の松本清張だったとの説があります。今野勉『テレビの青春』によれば、大阪のテレビ局の広報誌（一九五七年八月号）のなかで、松本は「将来、日本人一億が総白痴となりかねない」と警鐘を鳴らしたそうです。

そう指摘しながらも『テレビの青春』の著者はテレビを擁護します。テレビこそが「大衆の実像を発見」したからです。こうしてテレビをとおして、戦後昭和の大衆文化状況が生まれました。

週刊誌の創刊ラッシュ

このような大衆文化状況のなかで、活字文化も大きく変化していきます。その直接的なきっかけは、一九五〇年代後半の週刊誌の創刊ラッシュです。今もよく目にする『週刊新潮』『週刊文春』『女性自身』などの創刊はこの頃でした。発行部数も数十万から一〇〇万部以上まであって、よく売れました。

この頃は週刊漫画雑誌の創刊の時期でもありました。講談社の『週刊少年マガジン』、小学館の『週刊少年サンデー』はどちらも一九五九（昭和三四）年に創刊されています。

硬派の週刊雑誌『朝日ジャーナル』の創刊も同じ年です。

これらの雑誌の売り上げがピークに向かう時に学生反乱が起きます。当時の大学生は片手に『朝日ジャーナル』、別の手に『週刊少年マガジン』（あるいは『週刊少年ジャンプ』）と揶揄《やゆ》されるほどよく読み、影響を受けていました（佐藤信『60年代のリアル』）。

このような週刊誌の活字文化に慣れ親しんだ大学生が引き起こした一九六〇年代末の反乱は、「大衆インテリの反逆」（竹内洋『丸山眞男の時代』）でした。「大衆インテリの反逆」の具体的な現われとして、学生運動団体と大学当局との間の団体交渉があります。団体交渉では学生が煙草の煙を教授にふきかけながら、「おまえらまんがだよ」などと罵声を浴びせていました（竹内『丸山眞男の時代』）。

敗戦直後に論壇の寵児となった丸山眞男東京大学教授も同様の災難に遭っています。学生に研究室を封鎖された丸山教授は「ナチもしなかった」と抗議する一方で、学生が「ヘン、ベートーヴェンなんかききながら、学問をしやがって！」と非難する言葉を耳にしています（竹内『丸山眞男の時代』）。一九六〇年代の大衆文化状況のなかで、大学教授の権威は引き摺り下ろされようとしていたのです。

豊かな生活への憧れとバブル文化

学生運動に参加していたひとりに当時、早稲田大学の学生でのちに作詞家になる喜多《きた》條忠《じょうまこと》という人がいました。警察の機動隊と衝突して殴られたり催涙弾を浴びたりしたこの人は、神田川沿いの三畳一間の下宿に戻ってきます。そこには同棲している同じ大学の女性がいました。学生運動は敗北に終わり同棲相手とも別れます。喜多條氏はこの実体験を歌詞にします。それが「神田川」でした。南こうせつとかぐや姫が歌う「神田川」は、一九七三（昭和四八）年にシングル盤が発売され、一五〇万枚の売り上げを突破しました（本橋信宏『高田馬場アンダーグラウンド』）。

一九七〇年代が終わる頃になると、「神田川」に代表されるフォークソングは「四畳半ソング」とおとしめられるようになります。一九八一（昭和五六）年刊行の一〇〇万部を超える大ベストセラーとなった小説＝田中康夫『なんとなく、クリスタル』の主人公もそうです。神田川沿いの小さな下宿ではなく渋谷区神宮前のマンションに、同棲ではなく「共棲」する若い男女を描くこの小説は、主人公の女性に言わせます。「学生が一緒に暮らしてるっていうと、なんとなく四畳半ソング的な、湿った感じがあるじゃない。……そういう生活はいやだったのよ」。同時代の大半の若者たちは、このような小説空間にいなかったはずです。他方でこの小説をとおして、豊かな生活への期待を抱くことができました。

『なんとなく、クリスタル』の大ベストセラー化前後を起点として、バブル文化が生まれます。昭和の最後の一〇年間は、あとから振り返れば、バブル経済が膨らむ過程でした。原宏之『バブル文化論』によると、バブル文化は一九八六（昭和六一）年に「ゆるやかに始まり八八年に開花」したとのことです。当時の人びとは「ワンレン・ボディコン」スタイルの二〇歳台の女性を中心として、インポート・ブランドや「イタ飯」（イタリアの飯＝イタリア料理）に散財していました。昭和時代が終わったのは、バブル文化の全盛期においてだったのです。

第八章　メディアをめぐる問題の起源

権力・メディア・世論

毎夜のように開かれる安倍（晋三）首相の会食に、新聞社やテレビ局などの幹部の出席が何回もあって、話題になりました。新聞やテレビなどのメディアの役割は権力に対する監視と批判にあると考える立場からすれば、このような会食は言語道断です。他方で実際のところ重要な情報を得るには、このような機会も必要悪なのかもしれません。メディア自身が権力だ、そのような批判もあります。メディアの政治的な中立性・独立性は建前にすぎないのかもしれません。権力とメディアは相互に影響を及ぼす関係なのです。

読者や視聴者、消費者は、新聞やラジオ、広告代理店などのメディアに踊らされる、そのような見方があります。政府がメディアの統制によって、世論を誘導することもよく指摘されます。

世論は統制されるだけの存在かといえば、そうではありません。コミュニケーション手段が発達している今日において、世論の側がメディアを方向づけるようになっているからです。たとえばSNSをとおして、匿名の「ネット警察」が誰かや何かを非難して「炎上」させることで、現実の社会に影響を及ぼすことも可能になっています。あるいは現実の社会に「正義マン」と呼ばれる人々がいます。正しさを押しつける「正義マン」は、「ネットクレーム」と結びついて、大きな影響力を持つことがあります。このように世論とメディアは双方向性があるのです。

以上のような権力とメディアの関係および世論とメディアの双方向性の問題を歴史的にさかのぼると、戦前昭和にたどり着きます。メディアといっても、当時の最先端のメディアはラジオでした。SNSなどもない戦前昭和であっても、そこに今日と通底するメディアをめぐる問題の直接の起源があるのです。

売れるためならば社説も変える

近代日本において新聞の部数が伸びたのは、戦争を契機としていました。戦前昭和においては満州事変の勃発（一九三一〈昭和六〉年九月一八日）がきっかけです。

満州事変の直前まで、新聞の発行部数は伸び悩んでいました。当時の日本は昭和恐慌に沈んでいたからです。この頃の新聞は普段の生活のなかで、必需品とみなされていなかったことも関係しています（佐々木隆『シリーズ日本の近代――メディアと権力』）。

伸び悩む新聞の発行部数は、満州事変を分岐点として、急角度で上昇に転じます。この分岐点は、軍部に対する新聞の基本姿勢がそれまでの批判から迎合へ転換する画期にもなりました。

満州事変が勃発すると、当初の新聞論調は、中国側のしわざであることと事変不拡大に努めていることを伝えています。実際のところ民政党の若槻《わかつき》（礼次郎）内閣は、中国側ではなく日本の現地軍のしわざであると知っていて、野党の政友会と連立内閣を作ってでも満州事変を抑える決意でした。

ところがその後の新聞は、事変不拡大を置き去りにして、満州事変の積極的な支持へと社論を大転換します。たとえば『朝日新聞』は、一〇月二四日までには社論の方向転換が決定しました。この社論の転換に反対して退社したある人の説明によると、「急角度の方向転換」は「資本主義商品新聞の本質」が原因でした（『新聞と戦争　上』）。戦争熱を煽《あお》れば売れる、それが当時の商業新聞の一側面だったのです。

新聞の読者は報道に踊らされていたかといえば、そうとも限りませんでした。読者が求めていたのは、「勝った、勝った」の高揚感だけでなく、郷土の出征兵士たちの安否確認情報だったからです（井上寿一『論点別　昭和史』）。

新聞各紙は速報合戦を展開して、発行部数を伸ばします。そこへラジオが参入します。満州事変は新聞の発行部数だけでなく、ラジオの受信契約数も伸ばしたのです。

満州事変の拡大が満州国の建国を経て、収束に向かい始めても、新聞の発行部数とラジオの受信契約数は伸びていきます。

新聞の大衆化路線

当時の新聞の二大潮流は、朝日系（『大阪朝日新聞』『東京朝日新聞』）と毎日（日日）系（『大阪毎日新聞』『東京日日新聞』）でした。そこへ参入したのが『読売新聞』です。『読売新聞』は、大衆が社会を動かす戦前昭和の国内状況に適応する紙面作りによって、発行部数を伸ばすことに成功します。『読売新聞』は競馬や釣り、麻雀を扱う欄がありました。大棋戦や名宝展なども主催します（佐々木『メディアと権力』）。『読売新聞』は、全国紙でありながら、今日ではスポーツ新聞や夕刊新聞が扱うような記事を掲載していたのです。

『読売新聞』の大衆化路線で驚くのは、今日であれば週刊誌が扱うような事件をおそらくは意図的に報道していたことです。その一つが一九三三（昭和八）年の伊豆大島の三原山噴火口への投身自殺事件でした。この年一月九日に女学生が別の女学生と三原山の火口へ身を投げます。この事件をきっかけとして、三原山噴火口への投身自殺が相次ぎます。五月二日までに四三人が自殺しました（江口圭一『昭和の歴史　4巻』）。対外危機（満州事変の拡大）と経済危機（昭和恐慌）下の「エロ・グロ・ナンセンス」の世相を反映するかのように、当時は不可解な事件が頻発していました。前年の五月には坂田山心中事件が起きています。神奈川県大磯町で起きた大学生の男性と令嬢の心中事件です。この時は女性の遺体が盗まれています。発見された時は全裸の死体になっていました（井上寿一『戦前昭和の社会』）。

この坂田山心中事件と同様に、三原山投身自殺事件も新聞はセンセーショナルな報道合戦を始めます。そのことが自殺志願者を三原山へと誘うことになりました。新聞のセンセーショナルな報道のなかでも、『読売新聞』は際立っています。何と重機のクレーンでゴンドラを吊るして、五月三〇日に三原山の火口を「大探検」したのです。ふたりの記者が地上と電話で連絡を取り合いながら、火口の状況を伝えます。新聞紙面の活字が躍ります。「お土産が見つかったぞ！」不謹慎極まりないことに「お土産」とは遺体のことでした。記者たちは投身自殺者の遺体を発見したのです。センセーショナルな報道は、非難を浴びながらも読者の関心を引きつけました。この報道によって自殺者は減るどころか増えていったのです。

広報外交の逆効果

同じ頃、五月末日に日中間で停戦協定が結ばれます。ここを起点として、日本外交は中国との関係修復を図るようになります。その際に外務省は通信社をとおして、対中国広報外交を展開します。日中外交関係の修復には両国の国民と諸外国の理解を得る必要があったからです（井上寿一『機密費外交』）。

当時は聯合《れんごう》と電通が二大通信社でした。陸軍が電通に接近していたのに対して、外務省は聯合を盛り立てていました（武田徹『戦争報道』）。外務省は聯合の上海支局長に機密費を渡して資金を援助します。

このこともあってか通信社経由の新聞情報は、外務省の意を体するかのように、一九三五（昭和一〇）年に入ると、盛んに日中親善ムードを演出します。「演出」と表現したのは、報道の内容が希望的観測や憶測だったからです。具体的な裏づけを欠く日中親善ムードの演出は、現地で関係修復を模索していた外交当局にとって、逆効果になりかねませんでした（井上『機密費外交』）。

中間層から始まるメディア統制

広報外交が成果を上げない一方で、状況は急変します。一九三七（昭和一二）年七月に日中全面戦争が始まったからです。

戦争をきっかけとして新聞の部数が伸びるのは、この時も同じです。日中戦争の時は、新聞の発行部数だけでなく、ラジオの受信契約数も伸びます。この年の都市部でのラジオの普及率は四八・二パーセント（郡部でも一四・三パーセント）になりました（井上『論点別　昭和史』）。

近衛《このえ》（文麿《ふみまろ》）首相はラジオをとおして国民に直接、語りかけました。しかし日中戦争の早期解決の真意は伝わりにくかったにちがいありません。国民は戦勝気分を盛り上げる新聞・ラジオの報道に流されがちだったからです。

戦時下のメディアは統制を受けます。ラジオもそうでした。槍玉にあがった一つが流行歌です。前章でふれた「あゝそれなのに」などの流行歌は、ラジオでの放送が禁止になりました。

禁止したのが政府の検閲当局だったことはいうまでもありません。ただし、ここで強調したいのは、政府による取り締まりを促したのが「民意」だったことです。この民意とは、より正確には「投書階級」のことを指します。近年の研究によって明らかになったように、当時のラジオの番組編成は、聴取者からの投書の内容を反映していました。ラジオ局に投書する社会階層は、官公吏や教員、会社員など、エリートではなく大衆でもない、主に都市部で生まれた新しい中間層でした。「投書階級」は、流行歌だけでなく、西洋のクラシック音楽も排撃します。「投書階級」は戦時下の時局にふさわしい軍歌の放送を求め、「日本精神」を擁護していました（井上『論点別　昭和史』）。戦時下のラジオ統制は、「投書階級」の存在を背景に、取り締まり当局がおこなったのです。

以上から明らかなように、今日の「ネット警察」や「正義マン」の歴史的起源は、戦時下昭和の「投書階級」でした。影響を及ぼす手段に葉書・封書とネットのちがいはあります。しかしながらメディアをとおして民意が政治を動かすのは、当時も今も同じなのです。

戦争に倦む国民

その後もメディアの重要性は高まっていきます。一九三六（昭和一一）年に二大通信社の聯合と電通の統合によって、同盟通信社が設立されます。政府は同盟通信社に「国策的機能ヲ遺憾ナク発揮セシメンガ為《ため》」に、多額の助成をおこないます。設立時の助成額は三〇〇万円でした（『現代史資料41』）。当時の貨幣価値は、少なく見積もっても、一円＝約一八〇〇円ですので（井上『機密費外交』）、三〇〇万円は現在の約五四億円に相当します。少なくない助成額です。同盟通信社はＡＰやロイターに引けをとらない大きな通信社になっていきます（武田『戦争報道』）。

一九三七（昭和一二）年七月から始まった日中戦争は、この年の一二月に首都南京が陥落したにもかかわらず終結することなく、長期化していきます。このような状況のなかで、一九三九（昭和一四）年度にも首相名で同盟通信社に三〇〇万円の助成金の交付が示達されます。そこにはつぎのように記されていました。「支那大陸ニ於《お》ケル我軍ノ作戦就《なかんずく》中部隊ノ行動及《および》新支那建設ニ関スル報道ハ国民精神作興ニ関連スルコト大ナル処《ところ》之ニ対スル新聞報道上ノ関心漸ク遠サカラムトスル傾向アルニ鑑ミ其《そ》ノ社ニ於《おい》テハ此《この》種報道ノ普及ニツキ特別ノ手配ヲ実施サレタキコト」（『現代史資料　41』）。

どうやら国民はいつ終わるのかわからない日中戦争に倦《う》んでいたようです。中国大陸での報道は、欧米の通信社も依存するほど同盟通信社が大きなニュースソースになっていました（武田『戦争報道』）。これほどの力を持つ同盟通信社の中国大陸からの報道によっても、国民の関心の低下は防ぐことができなかったようです。

大本営発表対宣伝ビラ

日中戦争が終わらないのに、今度は対米英蘭（オランダ）との戦争に踏み切ります。大本営（陸海軍の最高統帥機関）はラジオをとおして、戦況を伝えます。初期の頃の発表された情報は正確でした。国民から戦争協力を調達するには正確な情報を公表する必要があったからです。しかし戦況が悪化していくと、大本営発表はフェイクニュースもどきになります（井上『論点別　昭和史』）。

他方で正確な情報だったのは、本土上空の米軍機から投下される宣伝ビラでした。宣伝ビラには攻撃目標とその予定日が記されていて、米軍爆撃機は宣伝ビラの予告どおりに攻撃したのです（川島高峰『流言・投書の太平洋戦争』）。こうして日本は戦争に敗れました。

戦前と戦後の検閲のちがい

敗戦後の日本は、占領当局によるメディア統制を受けます。占領当局の検閲の手法は事前検閲でした。よく引用される例を挙げます。敗戦の翌年、作家の太宰治が雑誌『展望』に「冬の花火」を掲載します。この作品のつぎの部分があらかじめ削除されていました。「日本の国の隅から隅まで占領されて、あたしたちは、ひとり残らず捕虜なのに」(『太宰治全集　第八巻』)。占領批判のような一節は事前検閲の対象でした。同時代の人々はこの一節を目にすることがなかったのです。占領当局の検閲は巧妙だったと指摘される所以です。

対する戦前昭和の日本の検閲は、どこが検閲の対象だったか読者にもわかるようになっていました。たとえば伏字で「××××」となっていれば、前後の文脈からこの「××××」は「マルクス」だろう、などと推測できたのです。この点を強調すれば、戦前昭和の「『伏字時代』こそ、ジャーナリズムがもっとも輝いた時代である、伏字は決して萎縮した言論の象徴ではない。勇気ある輿論は伏字で示されるタブーと両立していた」と肯定的に評価できるのかもしれません(佐藤卓己『輿論と世論』)。

たしかに伏字が四文字前後であれば、推測も可能でしょう。ところが戦前昭和のプロレタリア小説家・小林多喜二の作品のなかには、「(〇〇行削除)」と記されていて、何行にもわたって削除されていることがありました（ノーマ・フィールド『小林多喜二』）。これでは推測のしようもありません。伏字方式であれ、事前検閲方式であれ、どっちもどっちといったところでしょうか。

アメリカによるラジオ番組「真相箱」

事前検閲方式のような、そうとは知られずにおこなわれる非公然の言論統制に対して、占領当局は公然とメディアに介入して言論統制をおこなうことがありました。その具体的な手段だったのが敗戦の年の一二月から翌年二月までの占領当局によるラジオ番組「真相はこうだ」です。この番組名からわかるように、「真相はこうだ」は占領当局による日本人「洗脳計画」と呼ばれることがあります。しかしこの番組はプロパガンダ色が強すぎて、反感を持つ聴取者も現われました。敗戦国民といえども占領当局に簡単に「洗脳」されることはなかったのです。このような批判を受けて、「真相はこうだ」の後継の「真相箱」は、センセーショナルなトーンを落として、客観的な事実に基づくかのような内容になりました（井上『論点別　昭和史』）。

文芸作品やラジオ番組だけでなく、一市民の手紙すら検閲されていました。ある医学部の学生（山田誠也、のちの著名な大衆娯楽小説家・山田風太郎）の日記（敗戦の年の一二月一五日）の記述によれば、つぎのような状況でした。手紙類はことごとく封を切られ、Opened by Army Examiner と記されたセロファン紙が貼られています。この検閲によって、手紙は一週間、一〇日、一カ月も遅延していました。「国家機密」が記されているわけでもないのに、検閲とは「御苦労千万」、しかし「戦時中の検閲もかほどにはあらざりき」と山田青年は憤慨しています（山田風太郎『新装版　戦中派不戦日記』）。このように敗戦国民は、戦争に負けた現実を思い知らされました。

テレビと映画への作家の起用

独立回復後の日本で急速に発達するメディアがテレビでした。一九五三（昭和二八）年二月に日本放送協会（ＮＨＫ）がテレビ放送を開始します。同年八月には民放の日本テレビもスタートします。当時はＮＨＫの大相撲中継や日本テレビの野球中継、プロレス中継が大人気でした。

そこへ遅れて一九五五（昭和三〇）年にラジオ東京（現在のＴＢＳ）が参入します。後発のラジオ東京は、スポーツ中継よりもドラマに活路を見出します。当時のドラマのなかで今もよく知られている「私は貝になりたい」が放送されたのは、一九五八（昭和三三）年一〇月のことでした。戦時中、上官の命令で捕虜を刺殺した二等兵が戦後、戦犯容疑で逮捕され極刑を受けるまでのストーリーは、多くの視聴者の気持ちを揺り動かしました。この作品は文部省芸術祭芸術祭賞（放送部門）を受賞します。

ラジオ東京の番組に石原慎太郎（大学在学中の一九五六〈昭和三一〉年に「太陽の季節」で芥川賞を受賞した新進気鋭の若手作家）の執筆・監修による「慎太郎ミステリー」がありました。この単発形式の三〇分番組は、実験的な手法による趣向を凝らした作品でした（今野勉『テレビの青春』）。

当代一流の作家を起用するのは、テレビだけでなく、映画もそうでした。それも文芸作品とは限りません。一九六一（昭和三六）年に公開された怪獣映画「モスラ」がそうだったのです。この映画は純文学作家が原案を練りました。中村真一郎、堀田善衛、福永武彦の三人です。

映画会社の東宝が純文学作家に原案を頼るようになったのは、テレビの普及の一方で映画産業の斜陽化があったからです（小野俊太郎『モスラの精神史』）。テレビはすでに「私は貝になりたい」のような名作を生み出していました。テレビに対抗するには怪獣映画といえども手抜きは許されません。そこで三人の純文学作家が「モスラ」の原案作成に参加することになったのです。

佐藤（栄作）首相の引退記者会見

テレビが急速に普及するなかでのメディアと政治の関係を象徴するエピソードがあります。それは一九七二（昭和四七）年六月一七日におこなわれた佐藤（栄作）首相の引退会見です。

一九六四（昭和三九）年に発足した佐藤政権は、七年八カ月（二七九七日）続いた最長不倒政権でした。この長期政権を率いた首相が引退を表明することになったのです。

首相官邸の会見室に佐藤首相が入ると、そこにはいつもよりも多い新聞記者が集まっていました。佐藤首相は突然、怒り出します。「テレビカメラは、どこにいるのか。

……そういう約束だ、新聞記者の諸君とは話さないことにしているんだから。国民に直接話したいんだ。文字になると（私の真意と）違うから。偏向的新聞は大きらいだ」。佐藤首相はその場から引き揚げました。

佐藤首相の勘違いでした。実際には会見室に新聞記者だけでなく、NHK、民放とテレビカメラも入っていました。また新聞記者は同席しても質問をしないことになっていたのです。このように説明を受けると佐藤首相は、ニヤリと笑って「そうか、じゃあもう一度行くか」と記者会見室へ向かいました。

収まらないのは新聞記者の方でした。「首相の発言は内閣記者会として、絶対に許せない」。こうなると売り言葉に買い言葉です。佐藤首相は「それなら出ていってください」と机を二度、叩きました。記者たちは「出よう」「出よう」と全員が出ていきました。がらんとした会見室でテレビカメラに向かってひとり語りかける首相の姿がそこにありました（村井良太『佐藤栄作』、服部龍二『佐藤栄作』、楠田實『楠田實日記』）。

NHK

外務省機密文書漏洩事件

佐藤首相が「偏向的新聞」と非難した背景にあったのは、この年三月の外務省機密文書漏洩事件です。三月二七日の衆議院予算委員会で、社会党議員が外務省の極秘電報を暴露します。そこに示されていたのは、沖縄返還をめぐってアメリカ軍用地復元補償費のうちの四〇〇万ドルを日本側が肩代わりするということでした。佐藤内閣は、四〇〇万ドルを支払うのはアメリカ側である、そう説明していました。ところがこの極秘電報によると、日米に密約が交わされていたのです。

日米密約の極秘電報を外務省から入手して社会党議員に渡したのは、毎日新聞社の西山太吉記者でした。西山記者は外務省の女性事務官で外務審議官の秘書から「情を通じて」この情報を得ました。

佐藤首相は四月六、七日の衆議院予算委員会で「〔新聞〕綱領が守られておらない」と新聞報道を批判します。批判の要点は毎日新聞の記者が取材の倫理を守らなかったことにありました。毎日新聞社側は反発したものの、「道義的に遺憾な点があったことは認めざるを得ません」と謝罪したのです（服部『佐藤栄作』）。

メディアと政治をめぐる三つの論点

以上のようなメディアと政治の関係をめぐるエピソードは、以下の諸点を明らかにしています。

第一にテレビの急速な普及の一方で、新聞メディアも大きな影響力を持っていました。新聞の発行部数は一九六〇（昭和三五）年の約二四四四万部から一九七〇（昭和四五）年は約三六三〇万部へと伸びています。その後も伸び続けて、逓減傾向に転じるのは二〇〇〇年代に入ってからのことでした（『図説日本のメディア〔新版〕』）。

第二に国民の知る権利と取材活動との関連です。国民が新聞をとおして日米密約を知る権利はありました。しかしそうだからといって、取材活動で男女関係を利用したり野党議員に情報を渡したりすることが正当かと問われれば、正当化することはむずかしいでしょう（村井『佐藤栄作』）。

第三にテレビメディアは新聞のようには「偏向」していないとしても、テレビが伝える事実は政治に対して両面価値的な影響を及ぼします。佐藤首相はテレビをとおして国民に直接、語りかけたつもりでした。しかしテレビが映し出したのは、先のような一部始終でした。会見場の異様な雰囲気を伝えるテレビの報道に接した視聴者は、佐藤の首相としての適格性に首を傾《かし》げたにちがいありません（服部『佐藤栄作』）。

この時に形成された佐藤首相像はその後も長く続きます。佐藤内閣は単に長く続いた内閣としか記憶されなくなりました。佐藤内閣に対する再評価が始まったのは、近年になってのことです。

メディアと政治の「共犯」関係

メディアと政治の緊張関係は、つぎの田中（角栄）内閣になると弛みます。メディアは田中首相の誕生を「庶民宰相」（原敬《はらたかし》の「平民宰相」のもじりでしょうか）「今太閤《いまたいこう》」（豊臣秀吉の立身出世になぞらえたのでしょう）と囃《はや》し立てます。高等小学校卒業後、新潟から上京して苦労を重ねながら、首相の地位にまで昇り詰めた田中首相の経歴は、同時代の国民の共感を呼びました。内閣発足時の支持率は新記録の六二パーセントに達しています（佐藤『輿論と世論』）。

田中首相は郵政相の時、テレビ局の免許交付およびテレビ局と新聞社の統合系列化を進めるなかで、テレビと新聞に影響力を行使していたことが知られています（佐藤『輿論と世論』）。ところが田中首相を退陣に追い込むことになったのもメディア、雑誌ジャーナリズムでした。一九七四（昭和四九）年の雑誌『文藝春秋』一一月特別号の立花隆「田中角栄研究」が田中首相の金権政治を告発します。表向きの顔とはちがって、裏では政治的な地位の利用による土地の転売などの手法で政治資金を作っていたことが明らかになると、一一月の世論調査で支持率は一二パーセントに急落しました（古川隆久『昭和史』）。田中首相は辞任します。田中首相の在任期間は二年半で終わりました。

雑誌ジャーナリズムが一国の首相を辞任に追い込んだのは、政治に対するメディアの勝利だったのでしょうか。たしかに『文藝春秋』はその役割を果たしました。しかしほかのメディアはどうだったのでしょうか。

この点に関連して佐藤卓己『輿論と世論』は、立花「田中角栄研究」が掲載される二カ月前の『文藝春秋』に掲載されたある論考の存在に注意を促します。その論考は石原慎太郎「君　国を売り給うことなかれ」です。この論考はつぎのように新聞を批判します。「首相就任と同時に、だれの名義かはしらぬが、とにかく軽井沢に一度に二つも別荘を買い込む野卑を、あるいは一匹何百万円とかいう鯉を飼う悪趣味とおなじように、新聞は、たたきあげの甲斐性として、むしろほほえましく扱ったではなかったか」。石原の論考は「大衆よりもさらに熱心に」田中首相を囃し立てた新聞の責任を追及したのです。

このようにメディアは、結果論ではあっても、政治といわば「共犯」関係を結ぶことがありました。政治と世論の間に介在するメディアの役割は、メディアの発達につれていっそう複雑になって、今日に至っています。

昭和末年の自粛ムード

昭和が終わりに近づく頃、メディアは時代に大きな影響を及ぼします。一九八八（昭和六三）年九月からメディアは昭和天皇の「ご病状報道」を始めます。たとえば「天皇陛下のご容態」として、「体温三七・四・脈拍九〇・血圧一一八〜六四・呼吸数二二（宮内庁発表）」と報道されるようになったのです（佐藤『輿論と世論』）。

このような報道をきっかけに自粛ムードが広がります。歌舞音曲を控えるようにということで、記念行事や祝祭、結婚披露宴などが中止や延期になりました。

メディアは過剰な自粛に荷担する一方で、自粛批判の記事を多数、掲載しています。そのなかにはあらためて天皇の戦争責任を問う意見もありました。たとえば『朝日新聞』は「自営業男性（六二）」のつぎのような意見を掲載しています。「彼（昭和天皇）の名のもとによる戦争、空襲、ビンタ、しごき、命令、戦友の無駄な死を経験したわれわれ世代にとり、彼の責任を忘れることはない。……自粛など常識外である」（朝日新聞社会部『ルポ自粛』）。

『朝日新聞』はこのような自粛批判への批判も掲載しています。「〔東京都〕北区・主婦（四六）」の意見です。「いまにも陛下が亡くなられそうな過剰な報道をしたとおもえば……「自粛過剰だ」と理屈をいう人の記事を載せる。……街は少なからず静かになりました。しかし、各家庭では笑いもあり、音楽も聴き、テレビも見て、毎日の生活にはなんの支障もありません。立場上、なにひとつ意見も反論も述べられない病床の方に、このときとばかりに批判をするのはいかがでしょうか」（『ルポ自粛』）。

ここに記録されているのは、「自粛」の本当の状況です。昭和天皇の戦争責任をめぐる議論も、このように両論を併せれば、バランスのとれた知的成熟度の高いものになっていたことがわかります。権力の側がメディア操作によって、一方的に国民世論を誘導することはむずかしくなっていました。国民世論も多様な意見を展開しています。この意味で昭和の日本は先進民主主義国になりました。昭和時代の終わりは、権力と国民との間で双方向性を持つメディアの重要性をのちの時代に伝えています。

参考文献

第一章

雨宮昭一『占領と改革――シリーズ日本近現代史〈7〉』（岩波新書、二〇〇八年）
井上寿一『吉田茂と昭和史』（講談社現代新書、二〇〇九年）
君塚直隆『立憲君主制の現在――日本人は「象徴天皇」を維持できるか』（新潮選書、二〇一八年）
坂上康俊ほか『新編　新しい社会　歴史』（東京書籍、二〇一六年）
瀧井一博『伊藤博文――知の政治家』（中公新書、二〇一〇年）
服部龍二『増補版　幣原喜重郎』（吉田書店、二〇一七年）
三谷太一郎「政党内閣期の条件」（中村隆英・伊藤隆編『〔増補版〕近代日本研究入門』東京大学出版会、二〇一二年）
渡邉昭夫編『戦後日本の宰相たち』（中公文庫、二〇〇一年）

第二章

井上寿一『政友会と民政党――戦前の二大政党制に何を学ぶか』（中公新書、二〇一二年）
井上寿一『戦前昭和の国家構想』（講談社選書メチエ、二〇一二年）
井上寿一『日中戦争――前線と銃後』（講談社学術文庫、二〇一八年）
岡義武『転換期の大正』（岩波文庫、二〇一九年）
北岡伸一『自民党――政権党の38年』（中公文庫、二〇〇八年）
君塚直隆『立憲君主制の現在――日本人は「象徴天皇」を維持できるか』（新潮選書、二〇一八年）

坂上康俊ほか『新編　新しい社会　歴史』（東京書籍、二〇一六年）
筒井清忠『近衛文麿――教養主義的ポピュリストの悲劇』（岩波現代文庫、二〇〇九年）
中北浩爾『自民党政治の変容』（ＮＨＫブックス、二〇一四年）
服部龍二『中曽根康弘――「大統領的首相」の軌跡』（中公新書、二〇一五年）
坂野潤治『昭和史の決定的瞬間』（ちくま新書、二〇〇四年）
板野潤治＋大野健一『明治維新　1858-1881』（講談社現代新書、二〇一〇年）
福永文夫『日本占領史――1945-1952 東京・ワシントン・沖縄』（中公新書、二〇一四年）
村井良太『佐藤栄作――戦後日本の政治指導者』（中公新書、二〇一九年）
村井良太『政党内閣制の展開と崩壊一九二七～三六年』（有斐閣、二〇一四年）

第三章

井上寿一『危機のなかの協調外交――日中戦争に至る対外政策の形成と展開』（山川出版社、一九九四年）
井上寿一『政友会と民政党――戦前の二大政党制に何を学ぶか』（中公新書、二〇一二年）
小林道彦『近代日本と軍部――1868-1945』（講談社現代新書、二〇二〇年）
重光葵『重光葵手記』（中央公論社、一九八六年）
坂上康俊ほか『新編　新しい社会　歴史』（東京書籍、二〇一六年）
武田知己『重光葵と戦後政治』（吉川弘文館、二〇〇二年）
中公新書編集部編『日本史の論点――邪馬台国から象徴天皇制まで』（中公新書、二〇一八年）
波多野澄雄編『日本の外交　第2巻　外交史戦後編』（岩波書店、二〇一三年）
孫崎享『戦後史の正体』（創元社、二〇一二年）
村井良太『佐藤栄作――戦後日本の政治指導者』（中公新書、二〇一九年）

第四章
石井修『ゼロからわかる核密約』（柏書房、二〇一〇年）
井上寿一『機密費外交――なぜ日中戦争は避けられなかったのか』（講談社現代新書、二〇一八年）
戸部良一『シリーズ日本の軍隊　逆説の軍隊』（中公文庫、二〇一二年）
西村熊雄『サンフランシスコ平和条約・日米安保条約――シリーズ戦後史の証言・占領と講和〈7〉』（中公文庫、一九九九年）
服部龍二『大平正芳――理念と外交』（岩波現代全書、二〇一四年）
服部龍二『佐藤栄作――最長不倒政権への道』（朝日選書、二〇一七年）
服部龍二『中曽根康弘――「大統領的首相」の軌跡』（中公新書、二〇一五年）
福永文夫『大平正芳――「戦後保守」とは何か』（中公新書、二〇〇八年）
福永文夫『日本占領史――1945-1952 東京・ワシントン・沖縄』（中公新書、二〇一四年）
古川隆久『昭和史』（ちくま新書、二〇一六年）
細谷雄一『安保論争』（ちくま新書、二〇一六年）
牧野邦昭『経済学者たちの日米開戦――秋丸機関「幻の報告書」の謎を解く』（新潮選書、二〇一八年）
村井良太『佐藤栄作――戦後日本の政治指導者』（中公新書、二〇一九年）
孫崎享『戦後史の正体』（創元社、二〇一二年）

第五章
荒川章二『全集　日本の歴史　第16巻　豊かさへの渇望』（小学館、二〇〇九年）
井上寿一『終戦後史――1945-1955』（講談社選書メチエ、二〇一五年）

井上寿一『政友会と民政党――戦前の二大政党制に何を学ぶか』（中公新書、二〇一二年）
岡崎哲二『工業化の軌跡――経済大国前史（20世紀の日本9）』（読売新聞社、一九九七年）
坂上康俊ほか『新編　新しい社会　歴史』（東京書籍、二〇一六年）
武田晴人『高度成長――シリーズ日本近現代史〈8〉』（岩波新書、二〇〇八年）
中村隆英『昭和史（上）』（東洋経済新報社、二〇一二年）
中村政則『戦後史』（岩波新書、二〇〇五年）
橋本健二『「格差」の戦後史――階級社会　日本の履歴書【増補新版】』（河出ブックス、二〇一三年）
橋本健二『はじまりの戦後日本――激変期をさまよう人々』（河出ブックス、二〇一六年）
橋本寿朗『現代日本経済史』（岩波書店、二〇〇〇年）
吉川洋『高度成長――日本を変えた6000日（20世紀の日本）』（読売新聞社、一九九七年）

第六章

石堂清倫『わが異端の昭和史〈下〉』（平凡社ライブラリー、二〇〇一年）
伊藤隆『シリーズ日本の近代――日本の内と外』（中公文庫、二〇一四年）
井上寿一『終戦後史――1945-1955』（講談社選書メチエ、二〇一五年）
井上寿一『戦前昭和の国家構想』（講談社選書メチエ、二〇一二年）
井上寿一『理想だらけの戦時下日本』（ちくま新書、二〇一三年）
岡田洋司『農本主義者山崎延吉――〝皇国〟と地域振興』（未知谷、二〇一〇年）
小熊英二『1968〈上〉――若者たちの叛乱とその背景〈下〉――叛乱の終焉とその遺産』（新曜社、二〇〇九年）
筒井清忠『戦前日本のポピュリズム――日米戦争への道』（中公新書、二〇一八年）
筒井清忠編『昭和史講義2――専門研究者が見る戦争への道』（ちくま新書、二〇一六年）

中村政則『戦後史』（岩波新書、二〇〇五年）

第七章

井上寿一『終戦後史――1945-1955』（講談社選書メチエ、二〇一五年）
井上寿一『戦前昭和の社会――1926-1945』（講談社現代新書、二〇一一年）
井上寿一『日中戦争――前線と銃後』（講談社学術文庫、二〇一八年）
井上寿一『論点別　昭和史――戦争への道』（講談社現代新書、二〇一九年）
内川芳美解説・編集『現代史資料41　マス・メディア統制2』（みすず書房、一九七五年）
金子龍司「太平洋戦争末期の娯楽政策――興行取締りの緩和を中心に」（『史学雑誌』第一二五編一二号）
金子龍司「「民意」による検閲――「あ、それなのに」から見る流行歌統制の実態」（『日本歴史』七九四号、二〇一四年）
今野勉『テレビの青春』（NTT出版、二〇〇九年）
佐藤信『60年代のリアル』（ミネルヴァ書房、二〇一一年）
清水雅大『文化の枢軸――戦前日本の文化外交とナチ・ドイツ』（九州大学出版会、二〇一八年）
大東文化協会東亜文教国策委員会事務局編『日支文化提携　東亜文化振興協議会速記録』（大東文化協会東亜文教国策委員会事務局、一九三七年）
竹内洋『丸山眞男の時代――大学・知識人・ジャーナリズム』（中公新書、二〇〇五年）
田中康夫『なんとなく、クリスタル』（河出書房新社、一九八一年）
原宏之『バブル文化論――〝ポスト戦後〟としての一九八〇年代』（慶應義塾大学出版会、二〇〇六年）
毎日新聞社編『岩波書店と文藝春秋』（毎日新聞社、一九九六年）
本橋信宏『高田馬場アンダーグラウンド』（駒草出版、二〇一九年）

山口淑子・藤原作弥『李香蘭　私の半生』（新潮文庫、一九九〇年）
吉川洋『高度成長――日本を変えた6000日（20世紀の日本）』（読売新聞社、一九九七年）

第八章

朝日新聞「新聞と戦争」取材班編『新聞と戦争　上』（朝日文庫、二〇一一年）
朝日新聞社会部『ルポ自粛――東京の150日』（朝日新聞社、一九八九年）
井上寿一『機密費外交――なぜ日中戦争は避けられなかったのか』（講談社現代新書、二〇一八年）
井上寿一『戦前昭和の社会――1926-1945』（講談社現代新書、二〇一一年）
井上寿一『論点別　昭和史――戦争への道』（講談社現代新書、二〇一九年）
内川芳美解説・編集『現代史資料41　マス・メディア統制2』（みすず書房、一九七五年）
江口圭一『昭和の歴史　4巻　15年戦争の開幕　満州事変から2・26事件へ』（小学館、一九八二年）
小野俊太郎『モスラの精神史』（講談社現代新書、二〇〇七年）
川島高峰『流言・投書の太平洋戦争』（講談社学術文庫、二〇〇四年）
楠田實著／和田純・五百旗頭真編集『楠田實日記――佐藤栄作総理首席秘書官の二〇〇〇日』（中央公論新社、二〇〇一年）
ノーマ・フィールド『小林多喜二――21世紀にどう読むか』（岩波新書、二〇〇九年）
今野勉『テレビの青春』（NTT出版、二〇〇九年）
武田徹『戦争報道』（ちくま新書、二〇〇三年）
佐々木隆『シリーズ日本の近代――メディアと権力』（中公文庫、二〇一三年）
佐藤卓己『輿論と世論――日本的民意の系譜学』（新潮選書、二〇〇八年）
服部龍二『佐藤栄作――最長不倒政権への道』（朝日選書、二〇一七年）

古川隆久『昭和史』（ちくま新書、二〇一六年）
藤竹暁・竹下俊郎編著『図説日本のメディア〔新版〕』（NHKブックス、二〇一八年）
村井良太『佐藤栄作――戦後日本の政治指導者』（中公新書、二〇一九年）
山田風太郎『新装版　戦中派不戦日記』（講談社文庫、二〇〇二年）
『読売新聞』（デジタル版）一九三三年五月三〇日（朝刊）

あとがき

この本を書き進めているなかで、日本でも新型コロナウイルス感染症がパンデミック化しました。緊急事態宣言下の「ステイホーム」は、物書きにとって好都合だったはずなのに、何事もままならないのが世の常で、往生しました。家にある本だけでは足りず、ネットで得られる資料情報の有用性は限定的だったからです。本を書くのは孤独な作業にちがいありません。他方で孤立しては書けないことも痛感しました。

ここで改めてこの本を編集してくださった筑摩書房・編集部の橋本陽介氏に感謝の気持ちを表したいと思います。橋本氏にお世話になったのは二度目です。一度目は『理想だらけの戦時下日本』（ちくま新書、二〇一三年）でした。同書の大胆で斬新な章の見出しと節の小見出しは橋本氏の創見で、自分では思いつくはずもなく、驚いたことを今でもよく覚えています。幸いにも直木賞作家の三浦しをんさんの新聞書評に恵まれました。忘れることのできない思い出です。

しかしながら、あれとこれとはちがいます。橋本氏からこの本の提案を受けた時、正直なところ、ためらいました。昭和史に関する本は山ほどあります。自分自身も何冊か書いています。屋上屋を架すことなく、独自の視点から新しい昭和史を提示できるのか、成算はありませんでした。それでも執筆に踏み切ったのは、タイトルの「はじめての」に惹かれたからです。

通説を踏まえながら、昭和史の入門書としてどうすれば独自性が出せるか、考えた末、組み合わせ方を工夫することにしました。昭和史研究の膨大な蓄積のなかからとくに重要な著作・論文を選び、自著も併せてテーマ別の通史として再構成したのがこの本です。先行の著作・論文へのリスペクトは、本文中の注記や参考文献リストの形式で示しました。先達の教えに感謝申し上げます。

二〇二〇年六月

井上寿一

イラスト　高橋将貴

ちくまプリマー新書 356

はじめての昭和史《しょうわし》

二〇二〇年八月十日　初版第一刷発行

著者　井上寿一（いのうえ・としかず）

装幀　クラフト・エヴィング商會

発行者　喜入冬子

発行所　株式会社筑摩書房
東京都台東区蔵前二‐五‐三　〒一一一‐八七五五
電話番号　〇三‐五六八七‐二六〇一（代表）

印刷・製本　株式会社精興社

ISBN978-4-480-68381-6 C0221 Printed in Japan